企业创新研究：
基于内外部环境的分析

徐茗丽 著

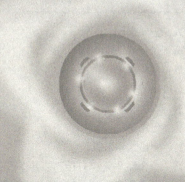

Qiye Chuangxin Yanjiu:
Jiyu Neiwaibu Huanjing De Fenxi

·广州·

版权所有　翻印必究

图书在版编目（CIP）数据

企业创新研究：基于内外部环境的分析/徐茗丽著. —广州：中山大学出版社，2020.6

ISBN 978-7-306-06870-5

Ⅰ.①企… Ⅱ.①徐… Ⅲ.①企业创新—研究 Ⅳ.①F273.1

中国版本图书馆 CIP 数据核字（2020）第 066549 号

出 版 人：王天琪
策划编辑：王　睿
责任编辑：王　睿
封面设计：林绵华
责任校对：李先萍
责任技编：何雅涛
出版发行：中山大学出版社
电　　话：编辑部 020-84110771，84113349，84111997，84110779
　　　　　发行部 020-84111998，84111981，84111160
地　　址：广州市新港西路 135 号
邮　　编：510275　传　真：020-84036565
网　　址：http://www.zsup.com.cn　E-mail: zdcbs@mail.sysu.edu.cn
印 刷 者：虎彩印艺股份有限公司
规　　格：787mm×1092mm　1/16　9.5 印张　180 千字
版次印次：2020 年 6 月第 1 版　2020 年 6 月第 1 次印刷
定　　价：35.00 元

如发现本书因印装质量影响阅读，请与出版社发行部联系调换本书得到教育部人文社会科学研究青年基金项目（项目编号：19YJC790159）和广东省普通高校青年创新人才类项目（项目编号：2018WQNCX015）的资助

内 容 简 介

近年来关于如何推动企业创新、企业特征和外部环境对企业研发或者创新又有怎样影响的研究得到学术界和实务界的共同关注。本书基于公司内外部环境的视角，重点考察公司内部激励机制和外部制度对于企业创新的影响。

在内部激励机制方面，选取企业内部薪酬差距和组织资本为切入点，分别代表企业的有形激励和无形激励，也分别对应高管同员工的利益冲突和利益一致两个方面。在外部制度方面，选取政治关联和法律保护两个因素，分别代表非正式制度和正式制度。通过梳理文献提出研究思路，构建合理的模型，结合上市公司公开的数据和部分手工搜集的数据，进行实证分析，最终得到了企业内部薪酬差距和组织资本对企业创新提升有正面的作用、政治关联有碍于企业创新、法律保护有助于企业创新的结论，同时还在各个章节进行了一系列丰富的扩展性检验，探索了各项因素影响企业创新的潜在机制。

本书的研究内容补充了企业创新影响因素的相关文献，明晰了相关因素作用于企业创新的机制，研究结论能在一定程度上为企业制度设计、国家职能定位和政策制定提供经验证据，为推动企业创新从而营造合理的内部和外部环境提供具有操作性的建议。

目 录

第1章 绪 论 ·· 1
  1.1 研究背景与研究意义 ·· 1
    1.1.1 研究背景 ·· 1
    1.1.2 研究意义 ·· 4
  1.2 研究思路与研究内容 ·· 5
    1.2.1 研究思路 ·· 5
    1.2.2 研究内容 ·· 6
  1.3 研究创新与贡献 ·· 7
  1.4 研究结构 ·· 9

第2章 文献综述 ·· 10
  2.1 企业创新的相关研究 ·· 10
    2.1.1 企业内部特征与企业创新 ·································· 11
    2.1.2 企业行为与企业创新 ······································· 13
    2.1.3 外部治理与企业创新 ······································· 13
    2.1.4 外部环境与企业创新 ······································· 15
    2.1.5 企业创新研究文献综述 ···································· 17
  2.2 薪酬差距的相关研究 ·· 18
    2.2.1 薪酬差距的影响因素 ······································· 18
    2.2.2 高管和员工薪酬差距的经济后果 ························· 18
    2.2.3 高管内部薪酬差距的经济后果 ···························· 19
    2.2.4 员工薪酬差距的经济后果 ································· 20
    2.2.5 薪酬差距研究文献综述 ···································· 20
  2.3 组织资本的相关研究 ·· 20

2.3.1　组织资本的概念 …………………………………………… 20
　　2.3.2　组织资本的测度 …………………………………………… 21
　　2.3.3　组织资本的实证研究 ……………………………………… 22
　　2.3.4　组织资本研究文献综述 …………………………………… 22
2.4　政治关联的相关研究 ………………………………………………… 23
　　2.4.1　政治关联的价值效应 ……………………………………… 23
　　2.4.2　政治关联的资源效应 ……………………………………… 24
　　2.4.3　政治关联与企业行为 ……………………………………… 25
　　2.4.4　政治关联研究文献综述 …………………………………… 26
2.5　法律环境的相关研究 ………………………………………………… 27
　　2.5.1　法律环境与企业融资 ……………………………………… 27
　　2.5.2　法律环境与企业行为 ……………………………………… 27
　　2.5.3　法律保护与创新 …………………………………………… 28
　　2.5.4　法律环境研究文献综述 …………………………………… 29

第3章　薪酬差距与企业创新的实证研究 …………………………… 30

3.1　引言 …………………………………………………………………… 30
3.2　数据来源及研究设计 ………………………………………………… 33
　　3.2.1　样本选取 …………………………………………………… 33
　　3.2.2　变量定义 …………………………………………………… 34
3.3　实证结果分析 ………………………………………………………… 37
　　3.3.1　描述性统计 ………………………………………………… 37
　　3.3.2　基准回归模型 ……………………………………………… 38
　　3.3.3　非线性效应 ………………………………………………… 40
　　3.3.4　内生性问题 ………………………………………………… 43
3.4　稳健性检验 …………………………………………………………… 48
　　3.4.1　创新的替代变量——研发支出 …………………………… 48
　　3.4.2　技术密集型行业的效应 …………………………………… 50
　　3.4.3　《最低工资规定》实施的影响 ……………………………… 52
3.5　扩展性分析 …………………………………………………………… 55
　　3.5.1　薪酬差距的分解 …………………………………………… 55
　　3.5.2　人力资本的调节效应 ……………………………………… 57
　　3.5.3　产权性质的调节效应 ……………………………………… 61
3.6　本章小结 ……………………………………………………………… 64

第4章 组织资本与企业创新的实证研究 ········· 65
4.1 引言 ········· 65
4.2 理论依据与研究假设 ········· 66
4.2.1 组织资本与创新 ········· 66
4.2.2 调节效应：产权、行业竞争与薪酬差距 ········· 67
4.3 数据来源及研究设计 ········· 69
4.3.1 样本选取 ········· 69
4.3.2 变量定义 ········· 70
4.4 实证结果分析 ········· 74
4.4.1 描述性统计 ········· 74
4.4.2 组织资本与企业创新 ········· 75
4.5 稳健性检验 ········· 78
4.5.1 调整后的组织资本 ········· 78
4.5.2 未来的专利申请 ········· 80
4.6 扩展性分析 ········· 81
4.6.1 产权的调节效应 ········· 81
4.6.2 行业竞争的调节效应 ········· 83
4.6.3 企业内部薪酬差距的调节效应 ········· 85
4.6.4 可能的机制：创造性破坏 ········· 87
4.7 本章小结 ········· 90

第5章 政治关联与企业创新的实证研究 ········· 91
5.1 引言 ········· 91
5.2 数据来源及研究设计 ········· 92
5.2.1 样本选取 ········· 92
5.2.2 变量定义 ········· 93
5.3 实证结果分析 ········· 94
5.3.1 描述性统计 ········· 94
5.3.2 政治关联与企业创新 ········· 95
5.4 扩展性分析 ········· 98
5.4.1 行业集中度的调节效应 ········· 98
5.4.2 市场化进程的调节效应 ········· 100
5.4.3 不同类型政治关联的异质效应 ········· 101
5.5 本章小结 ········· 104

第6章 法律保护与企业创新的实证研究 ··· 106
6.1 引言 ··· 106
6.2 数据来源及研究设计 ··· 108
6.2.1 样本选取 ··· 108
6.2.2 变量定义 ··· 109
6.3 实证结果分析 ··· 110
6.3.1 描述性统计 ··· 110
6.3.2 知识产权保护与企业创新 ··· 111
6.3.3 稳健性检验 ··· 113
6.4 扩展性分析 ··· 117
6.4.1 产权的调节效应 ··· 117
6.4.2 信任的调节效应 ··· 117
6.5 本章小结 ··· 119

第7章 研究结论与研究展望 ··· 121
7.1 研究结论和数据说明 ··· 121
7.1.1 研究结论 ··· 121
7.1.2 数据说明 ··· 122
7.2 政策启示 ··· 123
7.3 研究局限和研究展望 ··· 124
7.3.1 研究局限 ··· 124
7.3.2 研究展望 ··· 124

参考文献 ··· 125
后　　记 ··· 141

第 1 章
绪　论

1.1　研究背景与研究意义

1.1.1　研究背景

创新是经济增长的基础,现代市场经济增长机制的核心在于将资源投入到研发中产生新想法,提高自主创新能力,并传播扩散,以促进模仿和改进。创新对于经济增长的贡献,甚至高于人力资本和实物资本这两项在以往的经济理论和实证检验中已被证实的因素(Chang et al., 2018)。创新不仅是企业提高长期竞争力的重要着力点,也是国家经济增长的核心驱动力量。

进入 21 世纪后,创新得到持续关注。2006 年,我国将科技发展目标定为在 15 年之内建成创新型国家,使科技创新成为经济社会发展的中坚力量;2012 年,在党的十八大报告中,胡锦涛总书记提出要实施创新驱动发展战略,强调科技创新是提高社会生产力和综合国力的战略支撑,必须摆在国家发展全局的核心位置,要加快建设国家创新体系。2017 年,习近平总书记在党的十九大报告中明确指出,我国经济正处在转变发展方式、优化经济结构、转换增长动力的攻关期,建设现代化经济体系是跨越关口的迫切要求和我国发展的战略目标;同时,应当把创新作为建设现代化经济体系的战略支撑。

在构建技术创新体系的过程中,企业发挥着决定性的作用。发挥企业在技术创新中的主体作用,是市场经济和科技发展的内在规律,也是建设创新型国家的核心问题。而建立健全法律法规,完善金融财税政策,改善融资环境,营造激励企业创新的氛围,构建适合企业创新的正式制度和非正式制度,充分调动各方面的积极性,推动高技术和战略性新兴产业发展,为企业创新和技术升级扫清障碍，促进经济社会可持续发展，则是政府这只"看得见的手"的职责所在。

正是由于企业创新在国家经济发展和企业竞争力建设中的重要作用，企业创新得到了广泛的关注。然而，如何激励企业创新、什么样的环境才能推动创新，对国家和企业来说，都是一大难题。近年来，越来越多的文献从理论和经验上对企业创新的影响因素进行探讨，包括高管和员工激励等公司内部治理机制与企业创新（Chang et al.，2015a；Jia et al.，2017；冯根福、温军，2008），法律环境、金融市场发展、政治环境等外部制度环境与企业创新（Hsu et al.，2014；Cornaggia et al.，2015；Bhattacharya et al.，2017；Chemmanur and Tian，2018；袁建国等，2015），等等。

当下，中国作为全球第二大经济体，同时又是新兴市场经济发展中国家，如何从自身国情出发增强自主创新能力以带动经济增长，需要更多来自我国的经验证据支撑。特别是在当前建设创新型国家的关键时期，如何推动企业创新，探索企业内外部环境对企业研发或者创新的效应，对我国未来发展有重大的现实意义。为此，本书打算从公司内外部环境进行分析，对企业创新进行考察。

Berle 和 Means（1932）开创性地提出了所有权与控制权分离下的公司治理理论，Coase（1993）、Jensen 和 Meckling（1976）、Fama 和 Jensen（1983）以及众多的经济学家和公司治理专家对该理论进行了补充和发展，形成了较为成熟的公司治理问题分析框架——传统委托代理理论（冯根福，2004）。在股权分散的公司中，股东将公司交由经理人经营，公司控制权由经营者所操纵，股东之间基本没有利益冲突，但经理人为了自身利益和声誉，可能会违背公司利益最大化的目标，导致股东遭受损失。因此，公司治理最核心的问题是股东与经营者之间的委托代理问题，即第一类委托代理问题[①]。如何设计激励方案来缓解股东和经理人之间的利益冲突，也是企业创新能在长期内提升企业竞争力的活动中的重要问题。

---

① 在股权相对集中甚至高度集中的企业，股东利益不像股权分散企业那样基本一致，控股股东拥有实际控制权，部分中小股东由于无法参与公司治理或者由于股权较少而在公司治理中话语权较小；股东之间存在信息不对称情况，控股股东可能会为了自身利益侵害中小股东的权益，于是，控股股东和中小股东之间也产生了利益冲突，即第二类委托代理问题。因此，在股权集中的企业，存在双重委托代理的问题。如何设计企业内部机制和治理结构，以使经营者与股东利益保持一致、防止控股股东对中小股东利益的侵害，成为双重委托代理理论的核心（冯根福，2004）。本书对第二类代理问题暂时不做深入探讨，但可能是未来的研究方向。

在企业中，管理层掌握着经营决策权，普通员工只是各项生产活动的参与者。目前，公司治理领域和经济学领域对高管激励和员工激励进行了广泛的研究，但是，以往关于高管和员工的激励问题的研究一直处于割裂状态，较少文献能将两者进行结合。在股东—高管—普通员工委托代理链条中，股东处于顶层，是最终委托人；高管同时扮演股东的代理人与员工的委托人的双重角色；而普通员工处于最底层。因此，股东和高管之间、高管和员工之间都存在利益冲突。公司内部机制的设计对这些矛盾的缓解效应，值得深入研究。为此，本书从企业内部薪酬差距的视角，将管理层和普通员工的有形激励对创新的影响进行综合考察，不仅解决了以往大部分文献割裂高管激励和员工激励的问题，也为近年来各国纷纷推出的限制高管和员工薪酬差距政策的实际经济后果补充证据。

在创新的影响因素中，无形资产越来越受到关注。其中，人力资本对创新的正面影响已经在大量研究中得到了证实，然而关于组织资本与创新关系的研究仍然较少。组织资本无法直接通过会计报表反映，导致组织资本难以计量，现有文献较少对组织资本的经济后果进行研究。理论上，组织结构、资源、流程以及文化等组织资本的构成要素，与企业创新密切相关（Damanpour, 1991），因此，组织资本这一无形资产在缓解委托代理冲突问题、激励管理层和员工参与创新方面的作用，将是本书要考察的内容之一。

除了企业内部环境会影响高管和员工的创新激励之外，企业外部环境对企业所有者和经营者的价值取向也势必产生影响。我国目前处于经济转型升级的关键时期，政府对市场的干预程度仍然较大，政府掌控着大量企业所需的资源。例如，资金和经营许可等，这些资源的分配在很大程度上由政府官员来处置，导致市场上寻租行为盛行（杜兴强等，2012）。建立政治关联这样的寻租行为，可以为企业赢得多维度的经济利益，成为企业应对市场失灵和法律失效的一种积极寻求保护的手段。然而，寻租是有成本的，可能造成企业资源配置的扭曲，为此，本书考察政治关联这一非正式制度对企业创新的影响并进一步探索影响机制。

随着社会的发展，仅有非正式制度这种自发性非强制制度，无法让社会资源达到高效配置的状态。科斯定理表明，在交易成本为零的情况下，产权的初始配置不会影响效率。但是，如果企业利用政治关联等其他非正式制度，则是需要成本的，为使最终配置更加有效，就需要正式制度对产权的初始配置进行明确的规定。法律保护就是伴随着产权的产生而发展出来的一种正式制度。目前，产权保护对企业创新，尤其是发展中国家企业创新的影响，仍存在较大争议。因此,本书也将考察法律保护这一正式制度对企业创新的影响。

综上所述,本书的相关研究主要试图在中国的背景下从企业内部薪酬差距和组织资本两个维度考察企业内部有形激励和无形激励对企业创新的影响,从政治关联这一非正式制度和法律保护这一正式制度的角度考察企业外部环境对企业创新的影响。

1.1.2 研究意义

本书的相关研究运用实证分析方法,分别从企业内部环境和外部环境的视角考察企业创新的影响因素以及作用机制,具有重要的现实意义。

现代企业所有权与经营权分离的治理机制,催生了股东与高管之间的委托代理问题。除此之外,高管与普通员工之间也存在委托代理关系。在股东—高管—员工的委托代理链中;股东是高管和员工的委托人;高管是股东的代理人,同时也是员工的委托人;员工是最终的代理人,直接参与生产。在企业内部环境方面,本书从高管员工利益冲突和利益一致两个角度对企业创新进行了考察。

第一,在高管和普通员工利益冲突的视角下,构造企业内部薪酬差距的测度,将高管和员工的激励结合起来,考察了薪酬制度对企业创新的影响及其机制。以往文献对高管激励和员工激励的研究大多处于割裂状态,本书的研究结论有助于企业和监管者更充分全面地了解薪酬方案的经济后果和作用机制,对近几年各国高度关注的高管和员工薪酬差距的考察,为公平和效率之间的权衡提供了来自企业创新维度的经验证据。

第二,从高管和普通员工利益一致的视角,构造组织资本的定量测度,考察企业组织环境的创新效果,即什么样的组织环境能激励高管和员工创新,填补了组织资本对公司行为影响的实证研究领域的空白。这部分的研究有利于企业将注意力转移到固定资产之外的无形资产的建设,对企业智力资本和长期竞争力的提升有参考意义。

本书的相关研究还从企业外部环境的角度对企业创新进行了研究。

第一,从非正式制度的视角考察了政治关联对企业创新的影响。政治资源对企业创新的"侵蚀",反映出自发性非强制制度在提升效率方面的不足。对政治关联层面的边际影响的考察,进一步区分了中央政府和地方政府的角色,便于政府从根本上构建起利于企业自主研发、创新的有效机制。

第二,从正式制度的视角考察了地区法律保护对企业创新的效应。法律保护对企业创新有促进效应,体现了正式制度在促进经济发展和社会进步方面的作用。对不同产权性质企业的对比考察以及社会资本与法律保护的交互效应,进一步反映出"弱势群体"对正式制度的依赖。这部分的研究为立法机构提供了来自企业创新的依据。

1.2 研究思路与研究内容

1.2.1 研究思路

本书的相关研究首先对企业创新的重要性进行了概述和讨论,并对关于企业创新影响因素的国内外相关文献进行了梳理和回顾。通过整理文献发现,大量研究考察了高管或普通员工的创新激励,但对这两部分的研究仍然处于割裂状态,很少有研究将高管激励和员工激励结合在一起。然而,在股东—高管—员工这一委托代理链中,股东是最终的委托人,而高管是股东的代理人,同时还是员工的委托人,高管和员工之间存在利益冲突也存在利益一致,只有将两者结合起来,才能更全面地考察企业内部环境的经济后果。

为此,从高管和员工利益冲突的角度出发,我们研究了企业内部薪酬差距对企业创新产生的影响,并进一步将薪酬差距中高管薪酬溢价与员工薪酬溢价的效果进行分离,深入探讨高管和员工在创新活动中的作用。

在一个架构完善的公司,管理层和普通员工都是企业价值的创造者。高管和员工共同承担着为股东经营企业的任务。那么,从高管和员工利益一致的角度出发,什么样的组织环境更能够激发包括高管在内的所有员工更多地致力于提升企业创新的活动,也需要我们在研究中进行探讨。本研究将以构造组织资本的定量测度来开展这一部分内容的研究。

除了企业内部环境,企业外部环境也会对股东、高管和员工的创新激励产生影响。为了获取政府掌控的资源,企业雇用具有政府背景的高管或者在任高管主动获取政治身份,两种情况都被视为企业建立政治关联。政治关联这一非正式制度如何对企业创新产生影响,是获取了更多的资源和优势而提升了创新能力,还是挤占了研发投入而扭曲了资源配置对创新造成不利影响,本书的相关研究将对此进行实证检验。

与非正式制度相对的,是法律等正式制度。这两者相辅相成,既对立又统一。非正式制度需要正式制度的支持和保护,非正式制度失效时,需要建立正式制度对其进行补充;正式制度失灵时,需要非正式制度来加以完善。因此,我们也通过法律保护的视角考察正式制度对企业创新的影响。

本书的研究框架如图1-1所示。

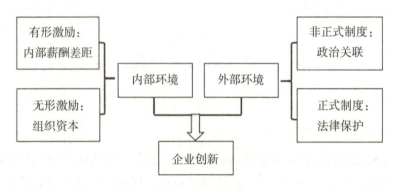

图1-1 研究框架

1.2.2 研究内容

本书的相关研究分别从有形激励和无形激励两个维度，考察了公司内部制度对企业创新的影响。

第一，关于有形激励与企业创新的关系，本书考察了企业内部薪酬差距对企业创新的影响。由于锦标赛理论[①]和比较理论对薪酬差距的经济后果的解释是相互矛盾的，前者认为薪酬差距越大对员工的激励效应越大，而后者认为薪酬差距过大会挫伤员工的积极性，导致员工做出对企业发展不利的行为。因此，本书试图通过实证研究考察企业内部薪酬差距对企业创新的影响。这一视角可以帮助我们更好地理解管理层和普通员工之间的委托代理关系，并将薪酬差距分解为管理层薪酬溢价、员工薪酬溢价和行业薪酬差距，以探讨薪酬差距对创新的效应的来源。此外，还进一步探讨了人力资本和产权性质的调节效应，以考察在异质性企业中，管理层薪酬溢价和员工薪酬溢价的效应是否有差异，帮助我们进一步理解薪酬激励影响企业创新的背后机制。

第二，关于无形激励与企业创新的关系，本书考察了组织资本对企业创新的影响。理论上，组织资本的各个组成部分都与企业创新密切相关。本书的相关研究参照Lev等（2009）对组织资本构造的定量的测度，实证检验组织资本的创新效应。本书还进一步探索了企业产权性质、行业竞争以及内部薪酬差距

---

① 锦标赛理论认为，与既定晋升相联系的工资增长幅度，会影响位于该工作等级以下的员工的积极性；只要晋升的结果尚未明晰，员工就有动力为获得晋升而工作。

在组织资本与企业创新的关系中发挥的调节效应。本章的研究对企业发展及产业政策制定具有积极的意义。通过研究结论，可以明确增加企业组织资本的投入是否能够提高企业的创新能力，对企业的技术进步和长远发展具有深远的意义。

本书还分别从非正式制度和正式制度两个视角，考察了外部环境对企业创新的影响。

第一，关于非正式制度和企业创新的关系，本书考察了政治关联对企业创新的影响，并进一步探索政治关联的效果在不同的市场竞争水平下是否存在不同。通过分析行业集中度和市场化进程两个层面的市场竞争，考察政治关联与市场竞争的交互影响。此外，按照政治关联的层级不同将政治关联划分为中央政治关联和地方政治关联，对比两种类型的政治关联对企业创新影响的异同，可以帮助我们更深入地理解政治关联的作用机制，为中央政府部门和地方政府部门明确自身的职能定位提供经验证据的支持。

第二，关于正式制度与企业创新的关系。本书分别从知识产权保护和律师、会计师等市场组织服务条件两个维度，对法律保护与企业创新之间的关系进行了研究，并结合我国特殊的市场经济体制，将国有企业和非国有企业样本进行了对比考察，以厘清法律保护在不同产权企业中的效应。另外，本书还探讨了信任程度这一社会资本的边际效应，以考察正式制度与非正式制度在企业创新方面的交互影响。

1.3 研究创新与贡献

本书的相关研究从我国经济和社会发展的现状出发，在考察国内外相关研究成果的基础上，找到了企业创新领域仍需研究和探讨的问题。本书的主要创新与贡献表现在以下五个方面。

第一，利用实证分析方法，考察了企业内部薪酬差距和组织资本以及企业政治关联和法律保护在一个转型经济体系中的实际效应，并且补充了关于创新的决定因素的相关文献，进一步拓展了关于公司内外部环境对企业创新影响的认识。

第二，基于现有文献得出经济环境、企业特征等因素对高管或员工创新激励的影响（Lerner et al., 2011; Aghion et al., 2013; Ederer and Manso, 2013; He and Tian, 2013; Chemmanur et al., 2014; Tian and Wang, 2014; Bernstein,

2015；Chang et al.，2015a；Bradley et al.，2016；Jia et al.，2017）。目前，高管和员工激励的研究通常处于割裂状态，只有少数文献将两者结合并进行考察。然而，高管和员工之间也存在委托代理问题，两者既存在利益一致也存在利益冲突。本研究选取的两个公司内部激励视角——企业内部薪酬差距和组织资本，恰好分别从有形激励和无形激励、利益冲突和利益一致两个方面，将高管和员工的创新激励结合在一起进行考察，填补了相关研究领域的空白。

第三，由于数据来源受限，基于国外文献的数据大多是从高管内部的视角考察薪酬差距的经济后果（Lee et al.，2008；Kale et al.，2009；Firth et al.，2015；Jia et al.，2017）。我国关于上市公司强制披露员工薪酬的规定，使得我们能够构造管理层和普通员工之间薪酬差距的测度，考察薪酬方案对管理层和员工创新激励的综合效果，为薪酬差距对企业创新的影响的研究补充来自高管和员工之间薪酬差距这一维度的证据。利用这一测度，本书的相关研究探索了企业薪酬差距影响企业创新的潜在机制。本研究对企业薪酬差距的分解以及人力资本和企业产权性质的调节效应的考察，有助于我们更好地理解管理层和普通员工在创新活动中发挥的作用。这部分的经验证据为"限薪令"等关注收入公平的政策和举措提供了来自企业创新这个效率视角的实证检验，对政府和企业部门关于公平与效率的权衡和取舍具有重要的参考意义。

第四，组织资本这一无形资产并不直接记录在财务报表中，制约了这一领域的实证研究。Lev 和 Radhakrishnan（2005）、Lev 等（2009）运用组织资本的投入都包含在销售费用和管理费用当中的这一思想，创造性地利用会计报表中的信息对组织资本进行了定量估计。本书的相关研究参照其衡量方法，利用我国上市公司的财务数据得到了组织资本的定量测度，弥补了国内研究的空白。在此基础上，研究了组织资本对包括高管在内的员工的创新激励，发现组织资本能够推动企业创新。进一步探究了企业产权性质、行业竞争以及企业内部薪酬差距在组织资本影响企业创新的过程中发挥的作用，发现组织资本的创新效应在异质性企业中存在差异。此外，还发现创造性破坏是组织资本推动企业创新的途径之一。对这些影响机制的探索，可以帮助我们加深对企业组织环境的创新效应的理解。

第五，通过对政治关联与企业创新、地区法律保护与企业创新之间关系的考察，分别从非正式制度和正式制度的角度研究了企业外部环境对企业创新的影响，补充了制度环境对企业创新行为的效应方面的文献。与以往考察政治关联对企业创新影响的文献不同的是，本书从行业集中度和地区市场化进程两个维度考察了市场环境的调节效应，完善了政治关联对企业创新的作用机制；分别考察了中央政治关联和地方政治关联对企业创新的影响，有利于我们深入认识政治关联负面效应的来源。在考察法律保护对企业创新产出的影响时，本书分别考察了不同维度的法律保护对不同产权属性企业的创新水平的影响，并探索了法律保护这一正式制度在信任度不同地区的差异效应，为"法与金融"这一领域的研究补充了来自转轨经济下新兴市场的企业层面创新产出的证据。

1.4 研究结构

本书的研究总共分为七章，各章内容概括如下。

第1章是绪论。本章首先阐述了本书研究的背景和意义，接着明确了本书的研究思路和主要研究内容，然后介绍了本研究的创新之处，最后概括了研究的结构。

第2章是文献综述。本章依次对企业创新、薪酬差距、组织资本、政治关联和法律环境五个方面的国内外相关研究文献进行了回顾和总结。

第3章是对企业内部薪酬差距与企业创新之间关系的实证分析。从锦标赛理论和比较理论相互矛盾的经济含义出发，深入考察了企业内部薪酬差距的创新效应及激励来源，并探究了人力资本和产权性质的调节效应。

第4章是对组织资本与企业创新关系的实证分析。首先，从理论讨论中提出了组织资本对创新有正面影响的假设并通过实证进行检验。其次，从产权性质、行业竞争以及内部薪酬差距三个方面，考察了组织资本的创新效应在不同企业环境中的差异。最后，分析了组织资本对企业创造性破坏的影响。

第5章实证考察了政治关联这一非正式制度对企业创新的影响。通过行业集中度和市场化进程两个层面的市场竞争，进一步考察了政治关联与市场竞争的交互效应。按照政治关联的不同层级将政治关联进行区分，对比中央政治关联和地方政治关联对企业创新影响的异同。

第6章实证研究了法律保护这一正式制度对企业创新的影响。本章分别利用知识产权保护和律师、会计师等市场组织服务条件作为法律保护水平的测度，进一步考察了产权性质、信任程度的调节效应。

第7章是研究结论与展望。本章总结了全书的主要结论，并对研究中的数据进行了说明，再根据实证研究的结论给出了相关政策启示，最后指出本书的不足，以及未来待完善的研究方向。

第 2 章
文 献 综 述

2.1 企业创新的相关研究

在理论模型方面，Berle 和 Means（1932）开创性地指出了所有权和控制权分离的弊端。例如，大公司的股东将决策权委托给经理人，使得经理人能够从自身利益出发调配资源。为了缓和股东和经理人之间的利益冲突，在实践中，通常采用激励方案来促使双方利益达成一致。在两权分离理论的基础上，Harris 和 Raviv（1978）、Holmstrom（1979）发展出委托-代理模型来研究激励方案的设计问题。在他们的模型中，委托人给代理人提供激励以使代理人按照委托人利益最大化的原则采取行动。大部分关于激励方案设计的研究集中于如何激发代理人付出努力或防止代理人攫取公司的资源。

而 Manso（2011）另辟蹊径，研究了委托人如何构造激励机制才能激发代理人的创造性。股东可能需要激励 CEO（首席执行官）追逐更具创造性的经营战略，而大公司的经理人则常常抱怨难以激发员工的创新热情，监管层可能通过破产法来刺激企业家投入创新。Manso（2011）通过模型表明，能够激励创新的最优方案，是能对早期的失败给予莫大的宽容（甚至奖励）并对长期的成功给予奖励。并且，长期薪酬计划的承诺、工作保障以及及时的业绩反馈也是激励创新的核心要素。在管理者薪酬方面，通过兑现期较长的股权计划、期权重新定价、"黄金降落伞"协议①以及管理防御，能够设计出最佳的创新激励方案。

Nanda 和 Rhodes-Kropf（2016）从企业融资风险角度对创新进行了理论层面

---

① "黄金降落伞"协议最早产生在美国，是指作为企业的高级管理层，在失去他们原来的工作后，公司从经济上给予其丰厚保障。

的研究，得出了融资风险对企业创新不利的结论。具体而言，他们构建了一个创新企业的投资模型来解释为什么某些地域、时间和行业会与投资者更深层次的试验相关。投资者对融资风险这一未来资金有限的预测做出的反应是，转移他们的重点，去投资缺乏创新的企业。在均衡中，融资风险显著影响了那些期权实际价值最高的创新型企业，因为它会使得企业在保护自身免受融资风险带来的侵害与最大化期权实际价值之间进行权衡。因此，他们认为，需要投机性的金融市场来帮助最新型的技术渡过最初的研发或传播时期。

更多关于企业创新的研究是从实证方面展开的，其中部分研究用研发支出衡量企业创新。例如，Barker Ⅲ和Mueller（2002）考察了CEO个人特征对企业研发支出的影响。他们发现CEO能够在很大程度上解释企业研发支出的变动。当CEO更年轻，股票市场的投资比例更大，且具有营销、工程或研发方面的从业经历时，企业的研发投资更高。然而，在具备大学学历及以上的CEO子样本中，更高的学历对研发支出无显著影响。如果CEO拥有先进科学专业方面的学位，企业在研发方面的支出显著增加。CEO任期越长，对研发支出的影响也越大，表明CEO会根据自身偏好调整企业研发支出。Brown等（2013）发现，更强的股东权益保护和更发达的股票市场融资导致企业有更多的长期研发投资，尤其是对小公司而言，这一效应更加显著；但对固定资产投资无影响。而信贷市场发达程度对固定资产投资有轻微的影响，对研发无影响。这一研究将法律和证券市场与经济增长的核心——创新活动联系起来，表明对于难以在信贷市场获得融资的高风险无形投资而言，法律法规和金融发展扮演着至关重要的角色，因为它们影响着外部权益融资的可获得性。

但是大部分研究利用专利来衡量创新，这些研究证据主要来自企业层面，也有部分来自行业层面。众多国内外文献从企业内部特征或外部环境对企业创新进行研究，包括企业行为对企业创新的影响、外部利益相关者与企业创新的关系，以及政治、政策和制度等宏观因素对企业创新的影响。

2.1.1 企业内部特征与企业创新

以往的经济学研究表明，绩效工资原则能有效地提高员工的努力程度和生产率。然而，心理学方面的研究指出，以绩效为基准的激励制度会抑制创新。Ederer和Manso（2013）通过实验的方法，证明了对早期失败的容忍及最终成功的奖励这种联合机制能有效激励创新。与固定工资方案和标准的绩效工资方案相比，被试者在这种激励机制下进行更多的探索，也更有可能发现新的商业战略。他们还发现，解雇的威胁会摧毁创新激励，而"黄金降落伞"协议能降低这种负面效应。Fang 等（2014）发现，公司股票流动性的提高会降低企业创新水平，可能的原因是股票流动性增加会扩大恶意收购的敞口、提高非主动收集信息或监管的机构投资者的比例。

（1）关于股权对企业创新的影响。Tan 等（2015）考察了私有化对技术创新的影响。为了处理内生性问题，他们分析了中国的股权分置改革这一准自然试验对私有化造成的外生冲击，这一政策强制要求非流通股转化为自由流通股，开启了国有企业私有化的大门。他们发现，私有化的预期会导致企业创新增加。控股股东与小股东的利益更加一致、股价信息含量更高是私有化前景促进企业创新的可能机制。关于私有股权的正面创新效应，还有研究从公开发行的角度来进行探讨。Bernstein（2015）通过比较成功上市的企业与撤销 IPO（首次公开募股）申请继续保持私有状态的企业的创新活动，考察了企业上市对创新的影响。他发现，企业 IPO 之后，自身的创新质量下降，有技能的发明者离开公司，留下来的发明者的生产率降低。然而，上市公司会吸引新的人才并收购外部的创新，表明上市使得企业改变了创新策略。李文贵和余明桂（2015）基于中国工业企业数据库，实证研究发现，非国有股权比例与企业创新之间存在正相关关系。进一步研究发现，非国有股权的这一效应主要来自个人持股和法人持股，而外资持股和法人持股的效果不显著。

（2）关于员工激励与企业创新的关系。Chang 等（2015a）发现员工股权对企业创新有正面影响。当员工在创新中扮演更重要的角色、员工"搭便车"的问题更轻微、股权的授予范围更广、股权的平均执行期限更长以及员工持股数量更小时，这一正面作用更显著。他们还进一步发现，员工股权促进企业创新主要是风险共担的激励引起的，而并非股权产生的绩效激励。

（3）关于高管激励与企业创新的关系。Jia 等（2017）研究了非 CEO 高管的晋升锦标赛激励对企业创新的影响。结果表明，锦标赛激励（即 CEO 与其他高管的薪酬差距，也称为高管团队内部薪酬差距）越大，企业专利数量和质量、创新效率、专利重要度和新颖度都更高。他们还通过工具变量法进一步表明，高管团队内部薪酬差距与企业创新之间的正向关系并不是由锦标赛激励的内生性导致的。锦标赛激励提升企业创新的两个可能机制是：①人才的流入；②董事会过度干预的减少。

（4）其他公司特征与企业创新的关系。Liu 等（2016）研究了发明者和企业异质性在提高企业创新产出方面发挥的作用。在对创新产出的变动进行分解后，他们发现，不随时间变化的发明者固定效应能够解释大部分以创新数量和引用量衡量的创新业绩的变动。然而，发明者固定效应在以专利探索性和开发性得分衡量的创新类型方面的解释能力相对较差。当发明者与他人联系更紧密、企业中发明者的流动性更高、所在行业的创新实现难度更大时，发明者对创新产出的贡献越大。

2.1.2　企业行为与企业创新

关于企业行为与企业创新的研究方面，Sevilir 和 Tian（2012）发现，兼并与收购活动同企业创新存在正相关关系。其显著程度不亚于研发与创新之间的关系。为了识别其因果关系，他们将失败的收购方与成功的收购方的创新产出进行对比，发现失败的收购方专利更少且专利的影响力更小。对具有现成专利的创新型标的公司的收购与收购方在公告日的异常收益以及长期股票回报正相关。

杠杆收购是缓解了公众股东给经理人造成的短期压力，还是杠杆收购基金自身为追逐短期业绩而牺牲长期增长，一直以来饱受争议。Lerner 等（2011）利用专利活动对企业的一项长期活动——创新投资进行了考察。基于 472 笔杠杆收购交易，他们发现，杠杆收购没有牺牲长期投资。杠杆收购企业的专利引用率（衡量了经济重要性）更高，研究的基本性质没有变化，并且更加专注于企业创新组合的重要领域。

Chang 等（2015b）考察了财务报告对企业创新的影响。他们发现，企业的财务报告越保守，专利产出就越少，并且专利的引用率越低，专利的经济效益也越低。当企业对创新有更高的需求、产品开发周期更长或管理者更加短视时，保守的财务报告对创新的这些负面影响更加显著。总之，保守的财务报告通过放大管理者短视的效应，抑制了企业创新。

2.1.3　外部治理与企业创新

一些研究从外部机制的角度展开，包括银行、基金、机构投资者、风险资本、证券分析师、媒体等外部监管机制对企业创新的影响。

部分研究考察了利益相关者对企业创新的影响。Gu 等（2017）从违反债务契约的视角考察了银行干预对企业创新和公司价值的影响。银行干预对企业创新数量有负面的影响，但对创新质量影响不显著。创新数量的减少集中在与违约企业核心业务无关的创新活动中，导致创新投资更加集中，最终公司价值得到提升。Chu 等（2017）研究了客户关系通过知识溢出渠道对供应商创新产生的影响。他们用供应商与其大客户之间的地理距离来衡量供应链中的知识溢价。他们选取客户总部地址变更作为对距离的外生冲击，构造了一个 DID 模型（双重差分模型，difference-in-difference model）情境来识别因果关系。他们发现，来自客户的知识溢出对供应商的创新性产生正向的影响。当客户本身更具创新性或客户与供应商的技术近似度更高时，这种效应更明显。

关于基金等投资者与企业创新的关系，Brav 等（2018）考察了对冲基金交易对企业创新的影响。在被对冲基金锁定后的 5 年内，企业的创新效率将显著提升。尽管研发支出有所减少，目标企业的创新产出，包括专利数量和引用量都有所提升，尤其在创新组合更加多元化的企业，其效果更加明显。他们还发现，创新资源和人力资源的重新分配，使得创新范围重获调整。Aghion 等（2013）发现机构投资者持股与企业创新正相关。他们将"懒惰经理人"假说与机构投资者通过降低经理人的职业生涯风险从而提高创新激励的模型进行对比，结果是支持职业生涯风险的假说。首先，他们发现机构持股与产品市场竞争之间存在互补关系，而"懒惰经理人"假说则意味着替代关系。其次，当机构持股数量很高时，CEO 们不太可能因为利润下滑而被解雇。最后，利用工具变量、政策变化以及机构投资者的类型的分解，他们识别了机构投资者与创新之间的因果关系。Luong 等（2017）考察了国外机构投资者对企业创新的影响。他们发现，国外机构投资者持股比例越高，企业创新越多。可能的影响机制是：国外机构投资者充当了活跃的监管者，为企业经理人创新失败提供了保险，提高了来自高创新国家的知识溢出。

Tian 和 Wang（2014）利用风险资本投资的 IPO 企业样本，考察了失败容忍度与促进企业创新的关系。他们通过检验在业绩不佳的风险投资中继续投入的意愿，构造了一个新的风险资本投资者的失败容忍度的测度。他们发现，风险投资者的失败容忍度与 IPO 企业的创新能力正相关；失败容忍度对失败风险很大的风险项目尤为重要。并且，这一结果并不是由内生的高失败容忍度的风投公司和事前高创新潜力的初创企业的配对所驱动的。进一步，他们发现，资本约束和职业生涯考虑会降低风投企业的失败容忍度。这一效应在资质较浅的风投企业比在更成熟的风投企业更显著。Chemmanur 等（2014）分析了在创业型企业中，企业风险投资与独立风险投资在培育创新方面的差异。他们发现，与独立风险投资支持的企业相比，企业风险投资支持企业成立时间更晚，风险更大，利润更低，但更具创新性、专利产出更高。这一结果通过了倾向性匹配得分和 DID 模型的检验。可能的两个影响机制是：①母公司和创业企业之间的技术相融，因而企业风险投资具备更丰富的产业知识；②企业风险投资有更高的失败容忍度。

He 和 Tian（2016）通过利用企业专利活动衡量经理人的短视行为来考察空

头卖方是加强还是减轻了管理者的短视。《证券实空规则》（Regulation SHO）这个准自然试验，消除了对罗素 3000 指数成分股的一个随机子样本的限制，使得空头卖方的成本产生了一个外生的变动。他们发现，与 Regulation SHO 周围的控制组相比，试验组企业的专利的质量、价值以及原创性都有显著的提升，表明空头卖方有利于减轻投资决策中的管理者短视。

还有学者研究了非直接利益相关者与企业创新的关系。Manso（2011）指出，及时的业绩反馈对激励企业创新很重要。Jia 和 Tian（2018）检验了反馈机制如何影响企业创新产出。具体而言，他们利用企业与美国专利及商标局的物理距离来衡量专利申请过程中对临时业绩进行及时反馈的难易程度和强度。他们发现，反馈及时性的降低，会导致专利的获取期限更加漫长，专利数量下降。及时的反馈对探索性的专利活动非常重要，但对开发性的专利活动无显著影响。He 和 Tian（2013）考察了证券分析师对创新的影响。他们发现，被更多分析师关注的企业有更低的专利产出，并且其专利影响力更小。这一结果与分析师关注的"压力效应假说"一致，即分析师对经理人施加了压力，使得经理人更多地关注短期目标的实现，而忽视长期创新性项目的投入。他们还进一步讨论了分析师关注阻碍企业创新的可能机制。分析师的关注度降低，会导致企业的专业型投资者比例增加、被收购的风险降低、股票流动性降低、操纵应计盈余管理的难度增加，从而促进企业创新。Dai 等（2020）考察了媒体关注对企业创新的影响，他们发现媒体关注抑制企业创新。

2.1.4　外部环境与企业创新

在企业外部环境方面，一些研究从经济政策、法制法规、金融市场发展、金融中介管制、政治环境等角度进行了考察。

关于宏观经济政策对企业创新的影响。黎文靖和郑曼妮（2016）、余明桂等（2016）利用中国 A 股上市公司的数据，研究了产业政策对企业创新行为产生的影响，并进一步考察了其内在机制，得出了基本一致但又有区别的结论。前者发现，产业政策能够激励企业进行创新，但只是"策略性"创新而非"实质性"创新，这一激励效应只在国有企业、非高新技术行业显著；而后者研究表明，被产业政策支持的企业发明专利数量显著提高，这种正面效应在民营企业中更加明显。

关于法制法规对企业创新的影响。Bradley 等（2016）利用险胜或险败的选举产生的地方层面的外生变动，设计了一个断点回归方案，考察了工会对企业创新的影响。通过工会选举议案将会导致 3 年后的专利数量下降 8.7%，专利质量下降12.5%。可能的影响机制是：研发支出的减少、发明家生产率的降低以及有创造力的发明者的离职。Chemmanur 和 Tian（2018）研究了反收购条款对创新的影响。他们利用股东提案投票产生的地方层面的外生变动，构造断点回归模型，建立了因果联系。他们发现，反收购条款对创新有正面的影响。并且，这个正面效应在信息不对称程度高的企业以及市场竞争激烈的企业中更加显著。这表明反收购条款为经理人缓解了来自股权市场的短期压力，从而有助于企业创新。

关于融资环境与企业创新。Hsu 等（2014）考察了金融市场发展对技术创新的影响。他们利用一个包含 32 个发达国家和新型市场国家的数据库，运用固定效应识别策略，识别了股票市场和信贷市场的发展影响技术创新的经济机制。他们发现，在股票市场更加发达的国家，对外部融资依赖程度更高、高新技术更加密集的行业具有更高的创新水平。然而，信贷市场的发展对这类行业的创新有抑制作用。Cornaggia 等（2015）利用法律对洲际银行设立分支机构放松管制这一事件，考察银行业竞争对企业创新的影响。他们发现，银行竞争的加剧会降低放松管制地的上市公司的创新水平，而依赖外部融资和从当地银行获取信贷受限的私企，创新产出则有所提升。他们认为，银行竞争使得小型创新型企业获得融资，避免被上市公司收购。因此，银行业竞争的提高降低了创新型标的供给，从而降低了归属到上市公司的洲级份额。Moshirian 等（2019）考察了金融自由化对技术创新的影响。他们发现，行业对外部融资依赖程度越高，在金融自由化之后创新产出也越高。金融管制的放松、人力资本的运用以及国外技术的传播是可能的影响机制。Mao 等（2014）研究了金融中介的加强管制对企业家创新效率的影响。他们发现，金融中介机构的紧缩政策会阻碍创新，具体表现为，当风险资本通过分期投资来干涉 IPO 企业的发展时，企业的创新能力更低。他们利用风险资本所在地与 IPO 企业总部之间直飞航班的航线调整所造成的外生变化来识别因果关系。当创新的实现难度更大或风投企业对创业公司所在行业的运营经验不足时，分期投资对创新的负面影响更大。

关于政府对企业创新的影响。Bhattacharya 等（2017）比较了政策和政策不确定性对技术创新的影响。平均而言，以专利衡量的创新活动不受政策实施本身的影响。然而，在国家选举发生的政策不确定时期，创新活动显著减少。尤其在创新密集度更高的行业，这一效应更加显著。他们利用势均力敌的总统选举和民族分化程度来处理内生性问题。并进一步发现，政策不确定性伴随着专利发明者数量的减少，揭示了政策不确定性阻碍创新的内在机制；同时，政治和解对创新有激励作用。

关于竞争对企业创新的影响。Aghion 等（2005）利用英国的数据，实证考察了产品市场竞争对企业创新的影响。他们发现，产品市场竞争与专利衡量的创新之间存在倒 U 形关系。他们设定竞争会挫伤落后企业的创新积极性但会激励势均力敌的企业进行创新的场景，结合竞争对行业均衡结构的影响，从而在模型中也得到了竞争与创新的倒 U 形关系。该模型意味着，行业领头羊与追随者之间的平均技术差距随着竞争加剧而增大，当行业中的企业技术差距更小时，倒 U 形的形状更加陡峭。实际数据也支持了这两个观点。

2.1.5 企业创新研究文献综述

综合而言，部分学者从理论角度对如何激励企业创新进行了研究（Manso，2011；Nanda 和 Rhodes-Kropf，2016），但更多关于企业创新的研究是从实证方面展开的。其中，少量研究用研发支出来衡量企业创新水平，例如，Barker Ⅲ 和 Mueller（2002）、Brown 等（2013）、鲁桐和党印（2014），但大部分研究仍利用专利来衡量。

实证研究的证据主要来自企业层面，包括企业特征和企业外部环境对企业创新的影响。首先，部分研究考察了企业内部特征对企业创新的影响（Ederer and Manso，2013；Fang et al.，2014；Bernstein，2015；Chang et al.，2015a；Chang et al.，2015b；Tan et al.，2015；Liu et al.，2016；Jia et al.，2017；冯根福、温军，2008；李春涛、宋敏，2010；林炜，2013；李文贵、余明桂，2015）；其次，部分研究考察了企业行为对企业创新的影响（Lerner et al.，2011；Sevilir and Tian，2014；余琰、李怡宗，2016）；再次，一些研究从外部机制的角度展开，包括银行（Gu et al.，2017）、分析师关注（He and Tian，2013）、媒体关注（Dai et al.，2020）、基金（Brav et al.，2018）、机构投资者（Aghion et al.，2013；Luong et al.，2017）、客户知识溢出（Chu et al.，2019）、风险资本（Mao et al.，2014；Tian and Wang，2014；Chemmanur et al.，2014）、业绩反馈机制（Jia and Tian，2018）和空头机制（He and Tian，2016）等外部治理机制对企业创新的影响；最后，在企业外部环境方面，一些研究从法制法规（Cornaggia et al.，2015；Bradley et al.，2016；Chemmanur and Tian，2018）和政治环境（Bhattacharya et al.，2017）、政府补贴（杨洋等，2015）、政府资源（袁建国等，2015）、非正规部门的"灰色竞争"（张峰等，2016）和产业政策（黎文靖、郑曼妮，2016；余明桂等，2016）等角度进行了考察。也有部分经验证据来自行业创新层面（Aghion et al.，2005；Hsu et al.，2014；Moshirian et al.，2019）。

2.2 薪酬差距的相关研究

2.2.1 薪酬差距的影响因素

部分学者考察了来自企业层面的原因。林俊清等（2003）同样研究了高管团队内部薪酬差距的原因及经济后果。他们发现，影响中国上市公司高管薪酬差距的因素中，公司治理结构占主导，包括国有控股、员工谈判能力以及内部人员控制等问题，而非企业外部市场环境或企业自身经营运作特点。

缪毅和胡奕明（2014）对不同产权性质企业的高管团队内部薪酬差距进行了研究。他们发现，竞争者人数越多、经营风险越高的企业，高管内部薪酬差距越大。此外，他们还考察了高管薪酬差距的激励效果，发现适当扩大薪酬差距能激励员工，但差距过大会造成较严重的负面影响。他们进一步检验了薪酬差距激励作用的横截面差异，发现晋升可能性和产权性质发挥了调节效应，晋升可能性越大，企业产权为政府控制尤其是政府直接控制时，薪酬差距的激励效果越明显。

更多的研究从不同的角度考察了薪酬差距的经济后果，包括高管团队内部薪酬差距、高管外部薪酬差距（即与同行业其他公司高管薪酬的比较）以及企业内部薪酬差距（即高管或管理层与普通员工的薪酬差距）。

2.2.2 高管和员工薪酬差距的经济后果

Cowherd 和 Levine（1992）考察了高管和员工薪酬差距与产品质量之间的关系。从理论层面来说，高管和员工薪酬差距较小时，更能够激发基层员工致力于成为高层管理人员的目标，提高努力程度以及合作程度。层级间的薪酬公平性取决于时薪员工、基层经理和专业人员与前三名高管薪酬之间的比较。他们发现，薪酬公平与企业产品质量正相关，支持了公平理论。

Faleye 等（2013）研究了高管与普通员工之间薪酬差距的影响因素和经济后果。结果表明，高管和员工薪酬差距取决于高管（相对于董事会）和普通员工（相对于管理层）之间力量的权衡；高管和员工薪酬差距同员工生产率之间不存在负相关关系，说明员工并不认为过大的薪酬差距是一种需要通过降低生产率的高代价行为来修正的不公平结果。在员工对高管薪酬明确知情或员工能够免受于职业报复的情况下，高管和员工薪酬差距同员工生产率之间也都不存在负相关关系。相反，当企业中知晓高管薪酬的员工数量越少或者晋升决策主要基于优秀的表现时，生产率随着薪酬差距扩大而提高。总之，普通员工能从更高的薪酬差距中察觉到机会，但是这种感知对他们的激励程度取决于他们晋升锦标赛中获得成功的可能性。

由于员工薪酬数据披露的缺失，国外文献对高管和员工薪酬差距的实证研究较少。例如，在 Faleye 等（2013）基于美国的研究中，只有 18% 的企业披露了员工的薪酬数据，这难免会导致样本选择偏差。而我国上市公司有强制披露员工薪酬信息的规定，使得大样本的研究具有可行性。Firth 等（2015）利用中国的数据，研究了高管和员工薪酬差距对企业生产效率的影响，发现高管和员工薪酬差距与生产效率负相关。这表明薪酬差距过大会挫伤员工的积极性，进而导致企业生产效率低下，这一效应在劳动密集型企业中更加明显。Banker 等（2016）将高管和员工薪酬差距分解为高管薪酬溢价、员工薪酬溢价以及行业平均薪酬差距，考察了高管和员工薪酬差距驱动企业业绩的内在机制。他们从社会公平、职业经理人稀缺与廉价劳动力过剩同时并存的两个角度出发，探索高管和员工薪酬差距与企业业绩之间的关系。参照 Banker 等（2016）的薪酬差距测度，Dai 等（2017）研究了企业内部薪酬差距对企业生产效率的效应。结果表明，生产效率与薪酬差距之间的关系呈倒 U 形。进一步的横截面检验表明，员工工资水平、劳动力技能水平以及外部就业机会对生产效率与薪酬差距之间的关系产生了显著的调节作用。

2.2.3　高管内部薪酬差距的经济后果

Kale 等（2009）同时考察了非 CEO 高管的晋升锦标赛激励和股权激励以及 CEO 的股权激励对公司业绩的影响。他们发现，高管团队内部薪酬差距（即 CEO 与其他高管的薪酬差距）与企业业绩正相关，并且晋升的可能性在两者关系中发挥正向的调节作用。当 CEO 即将退休时，这种效应更强；而当新 CEO 上任时，这种效应则更弱，尤其在新上任 CEO 为外聘的情况下，这种弱化效应更加显著。

Jia 等（2017）研究了非 CEO 高管的晋升锦标赛激励对企业创新的影响。结果表明，锦标赛激励（即 CEO 与其他高管的薪酬差距，也称为高管团队内部薪酬差距）越大，企业专利数量和质量、创新效率、专利重要度和新颖度都越高。工具变量法进一步表明，高管团队内部薪酬差距与企业创新之间的正向关系并不是由锦标赛激励的内生性所导致。对人才的吸引以及对管理层过度干预较少是高管团队内部薪酬差距促进创新的两个潜在机制。

张正堂（2008）从理论上对高管团队内部薪酬差距、高管和员工薪酬差距与组织未来绩效之间的关系提出了假说，并用我国上市公司的数据进行实证研究，发现高管团队内部薪酬差距对未来业绩有负面影响，且技术复杂性、员工人数发挥正向的调节效应。

2.2.4 员工薪酬差距的经济后果

Lallemand 等（2004）研究了比利时私企部门中员工薪酬差距（指普通员工之间的薪酬差距）与企业业绩之间的关系。利用一个特殊的雇主和雇员匹配数据库，他们发现，员工薪酬差距与企业业绩正相关。

Yanadori 和 Cui（2013）利用美国高新技术企业的数据，考察了企业研发部门人员的薪酬差距与企业创新之间的关系。结果表明，研发部门的薪酬差距阻碍企业创新，尤其是在那些财务资源紧张的企业，效应更加显著。

2.2.5 薪酬差距研究文献综述

综合而言，关于薪酬差距的研究方面，少数学者考察了薪酬差距的内部原因（林俊清等，2003；张正堂，2007；方军雄，2011；缪毅和胡奕明，2014）和外部原因（戴治勇，2014）。大多数学者从不同的角度考察了薪酬差距的经济后果，包括高管和员工薪酬差距（Cowherd and Levine，1992；Faleye et al.，2013；Firth et al.，2015；Banker et al.，2016；张正堂，2008；刘春、孙亮，2010；方军雄，2011；黎文靖、胡玉明，2012；夏宁、董艳，2014；杨志强、王华，2014）、高管团队内部薪酬差距（Kale et al.，2009；Jia et al.，2017；林俊清等，2003；张正堂，2007；张正堂，2008；缪毅、胡奕明，2014；夏宁、董艳，2014；罗宏等，2016；张蕊、管考磊，2016）、员工薪酬差距（Lallemand et al.，2004；Yanadori and Cui，2013）以及高管外部薪酬差距（Banker et al.，2016；杨志强、王华，2014；罗宏等，2016）。

2.3 组织资本的相关研究

2.3.1 组织资本的概念

Prescott 和 Visscher（1980）首次提出了组织资本的概念，他们认为有关员工个人和工作任务特征的信息是企业的一项资产，因为这些信息能够影响企业的生产可能性集合，且伴随着产出而出现，并将这种资产定义为组织资本；他们利用组织资本存量的调节成本，即组织资本的投资对增长率的约束来解释厂商增长和规模分布的现象。Evenson 和 Westphal（1995）把组织资本定义为能在生产和交付满足需求的产品时将员工技能和物质资本结合起来的知识，与企业的运营能力、投资能力以及创新能力相关，是技术与商业活动、流程和激励的融合体。Black 和 Lynch（2005）将组织资本划分为员工培训（workforce training）、员工建言（employee voice）和工作设计（work design）。其中，员工培训是以雇佣关系为前提的企业为员工提供的培训；员工建言是指非管理岗位的员工间接参与生产流程设计的决策制定，可以通过工会的形式实现；工作设计包括岗位职能的设计以及企业监控生产活动的方法等。

2.3.2 组织资本的测度

Hall（2000；2001）提出组织资本由调整成本即托宾 Q 值超过 1 的部分积累而成，因此市场价值反映了组织资本。

Basu 等（2003）提出了一个将组织资本视为生产要素的简单模型，由该模型可以得到组织资本的增长率对 TFP（全要素生产率）的增长率有促进作用。Miyagawa 和 Kim（2008）对该模型进行了拓展，通过估计企业的研发资本和市场资本的价值，最后得到了组织资本的估计，并通过实证检验表明组织资本的增长对 TFP 的增长有正向的作用。

Lev 和 Radhakrishnan（2005）认为企业的销售、日常及管理费用通过形成组织资本创造了企业价值，因此可以用企业的超常收益（有组织资本时的收益减去无组织资本时的收益）来估算。Lev 等（2009）对该方法进一步拓展和改进，使得组织资本不仅包括超常收益，还包括节约的经营成本。实证结果表明，未来 5 年的业绩与他们得到的组织资本测度正相关；此外，高管薪酬也与该测度正相关，说明了企业的管理质量能够通过组织资本来反应。

Eisfeldt 和 Papanikolaou（2013）基于 Lev 和 Radhakrishnan（2005）的思路，通过永续盘存法构造了组织资本的累积模型，通过假定组织资本的折旧率和原始存量，将由物价指数平减的销售、日常及管理费用作为组织资本的投入量，估算出企业每年的组织资本存量（O）。通过将同行业的企业按照组织资本与账面资产比值（O/K）排序分组，他们发现，O/K 高的企业，规模（市场资本化水平）更小，企业业绩（托宾 Q 值、生产率）更高，高管薪酬、信息技术支出占账面资产的比例更大，并且更倾向于把"核心人物离职"事件作为风险因素列入企业的年度报告中。随着 O/K 上升，企业产出对企业利润的影响变大，但总产出（GDP、行业总产出）对企业利润的影响不变。他们构造了一个高 O/K 企业多头、低 O/K 企业空头的组合（OMK 组合），并发现该组合每年平均收益 4.7%，而且，这个组合与其他风险因子，如市场组合、规模、价值以及动量因子无关。因此，CAPM 模型、Fama 和 French（1993）三因子模型以及 Carhart（1997）四因子模型都不能解释组织资本引起的期望收益差。因此，他们将 OMK 组合作为因子加入资产定价模型中，发现基于 OMK 组合的 β 值显著异于零，并且随着 O/K 单调递增，说明组织资本高的企业风险溢价更大。

2.3.3 组织资本的实证研究

Subramaniam 和 Youndt（2005）在关于美国企业的研究中，利用感性指标衡量的组织资本，发现组织资本对渐进式创新能力，即对现有产品和服务进行完善的创新能力，有正向的影响，而对突变式创新能力，即对现有产品和服务进行重大变革的创新能力，无显著影响。

Chen 等（2006）对台湾制造业企业进行研究，构造了 10 个与组织资本相关的问题，通过调查问卷，得到了组织资本的测度，发现组织资本能够提升新产品研发绩效，并且行业增长率在其中发挥正向的调节作用。

刘海建和陈传明（2007）将组织资本划分为权力资本、规则资本和知识管理资本三种形式，并考察了三者对企业绩效的影响以及战略前瞻性的中介效应。他们发现，权力资本和规则资本通过战略前瞻性对企业经营绩效产生影响，但这两者对创新绩效的影响不显著，而知识资本对经营绩效与创新绩效直接产生影响。

邸强和唐元虎（2005）采用营业费用、管理费用、无形资产、总资产周转率和组织规模五个反映组织资本的指标，同时还采用托宾 Q 指标作为组织资本的整体性衡量指标，考察组织资本与企业绩效之间的关系，结果发现营业费用、总资产周转率和组织规模 3 个变量以及托宾 Q 值都与总资产报酬率正相关。

还有的实证研究是从更宏观的层面展开。王学军和陈武（2009）利用湖北省的数据研究了区域智力资本与区域创新能力的关系，通过构建各变量的指标体系，发现区域智力资本及其各要素（区域人力资本、区域关系资本、区域组织资本）的提高都能提升区域创新能力。

2.3.4 组织资本研究文献综述

由于组织资本不能通过会计报表反映，因此很难得到组织资本的具体衡量指标。目前，关于组织资本的测度方法主要有市场价值法（Hall, 2000; Hall,

2001)、生产要素模型法（Basu et al.，2003；Miyagawa and Kim，2008）、指标法（Subramaniam and Youndt，2005）、调查问卷法（Chen et al.，2006）、代理变量法（Lev and Radhakrishnan，2005；Lev et al.，2009；Eisfeldt and Papanikolaou，2013），等等。前两种估计方法虽然解决了无形资产难以衡量的问题，但对模型设定非常敏感；调查问卷法对问卷设计的要求较高，最后得到的样本量有限，且与指标法一样具有主观性的问题。相比而言，代理变量法具有其他方法不可比拟的优势，因为它将销售、日常及管理费用作为组织资本投入的代理变量，反映了组织资本的累积过程。

我国关于组织资本的研究相对滞后，翁君奕（1999）和赵顺龙（2004）分别从经济学和管理学视角对组织资本进行了理论层面的探讨。实证领域的研究主要集中在组织资本对企业绩效的影响方面，组织资本的测度方法主要为指标法，虽然对组织资本的衡量指标各不相同，但基本得到了组织资本与企业绩效呈正相关关系的结论（邱强和唐元虎，2005；刘海建和陈传明，2007；王学军和陈武，2009）。

综合来说，在组织资本的定量估计方面，Lev 等（2009）将销售、日常及管理费用给企业带来的额外利润或节约的经营成本作为组织资本的贡献，反映了组织资本的形成过程，体现了企业的销售、日常及管理费用通过形成组织资本创造企业价值的思想。Eisfeldt 和 Papanikolaou（2013）采用永续盘存法估计直接将销售、日常及管理费用作为组织资本的投入，并估计组织资本的存量，该方法在组织资本初始值的确定时对样本选择较敏感，销售、日常及管理费用的增长率与我国企业数据相差甚远。

虽然 Subramaniam 和 Youndt（2005）、Chen 等（2006）研究的也是探讨组织资本与企业创新能力的关系，但他们对组织资本的测度不及 Lev 等（2009）的客观，对企业创新能力的测度也不如专利产出全面。本书对组织资本与企业创新的关系进行研究时，将在变量构造、研究设计上进行突破。本书在研究衡量组织资本时，借鉴了 Lev 等（2009）的方法。

2.4 政治关联的相关研究

2.4.1 政治关联的价值效应

一些研究发现，政治关联对企业市场业绩有正面的影响。Fisman（2001）提出，政治关联对企业而言是一种非常有价值的资源，他们选取印度尼西亚这样一个高度集权且政治结构稳定的国家作为考察对象，实证研究表明，政治关联对股票回报率有显著的正面影响，当出现关联方政权受到威胁的谣言时，政治关联企业的市场价值显著下降，并且关联程度越高，市场价值受到的负面影响越大。Faccio（2006）发现，政治关联普遍存在于高度腐败的国家、国外投资受限的国家以及信息更加公开的国家；在企业高管或大股东获得政府背景后，公司价值显著上升，这种效应在首相型政治关联中比在国会议员型政治关联中更加强烈，在大股东型政治关联中比高管型政治关联中更加强烈。Goldman 等（2009）利用人工搜集的政治关联数据发现，任命政治关联董事会对公司股票收益有显著的正面影响，并发现政治关联企业的价值与非政治关联的企业相比有所增加。Lin 等（2016）利用 2008 年台湾地区领导人选举事件，研究了政治关联和政府政策对股票收益的影响。结果发现，只与竞选成功的政党有关联的企业，有显著性更高的异常回报。李健等（2012）发现，政治关联对企业价值有提升作用，这一效应在中央政治关联与地方政治关联中都显著成立，中央政治关联和地方政治关联分别通过差异化战略和低成本战略，最终对企业价值产生正面影响。

然而，也有文献发现政治关联具有负面的价值效应。Fan 等（2007）基于中国民营上市公司中 CEO 政治关联盛行的情况，发现 CEO 具有政府背景的企业，在上市后股票回报率显著降低，盈利增长率、销售收入增长率以及销售收入回报率都明显更差。并且，具有政府背景的 CEO 更倾向于聘请官员而非专业人士进入董事会。

2.4.2 政治关联的资源效应

政治关联究竟能给企业带来什么好处呢？以往的研究发现，政治关联能给企业带来融资便利，帮助企业获得政府救济和税收优惠等（Khwaja and Mian, 2005；Adhikari et al., 2006；Faccio et al., 2006；Leuz and Oberholzer-Gee, 2006；Claessens et al., 2008；余明桂、潘红波，2008；李健、陈传明，2013）。

大量文献研究了政治关联对企业融资贷款造成的影响。Khwaja 和 Mian（2005）利用 1996—2002 年巴基斯坦企业的贷款数据，研究了政治关联企业的贷款情况。结果发现，政治关联企业获得的银行贷款显著增多，同时也具有显著性更高的贷款违约率，并且这种情况在国有银行更加盛行。Leuz 和 Oberholzer-Gee（2006）研究了政治关联对印度尼西亚企业融资策略以及长期业绩的影响。结果发现，政治关联企业不倾向于在国外证券市场融资。进一步，政治关联还会影响公司的长期业绩。政权的变更将导致政治关联企业的业绩因失去政治关联而变差，并在后续转向国外融资。Claessens 等（2008）利用巴西 1998 年和 2002 年竞选事件，发现政治关联企业比非政治关联企业获得了更多的银行贷款。

关于政治关联对企业获取政府资源的影响。Faccio 等（2006）利用国家层面的数据，研究了政治关联对企业获得政府救助的影响。结果发现，政治关联增加了企业获得政府救助的可能性；尤其是当国际货币基金组织或世界银行向政治关联企业所在国家提供金融援助时，这一效应更加显著。然而，在获得政府救助后，政治关联企业财务业绩随之变差。Adhikari 等（2006）利用马来西亚企业为研究样本，考察了在关系型经济体中，政治关联对企业实际税率的影响。结果发现，政治关联与企业的实际税率显著负相关。

此外，政治关联能够提高企业增发审批的通过率，但对审批周期和融资额度无显著影响（杨星等，2016）。张天舒等（2016）发现，政治关联企业比非政治关联企业获得了更多的风险投资，这一效应在政治关联级别更高的企业更加显著。然而，在政治关联企业中，风险资本的正面作用减弱，企业上市后会计业绩较差，股票收益较低。

2.4.3 政治关联与企业行为

政治关联对企业的经营战略也带来了影响。Lu（2011）利用中国民营企业 2004 年的调查数据，发现政治关联有助于推动企业贸易扩张，其影响机制包括克服不安全的产权制度以及低效的合约制度对企业造成的不利影响。Chen 等（2011）考察了寻租激励对政治关联的影响，并进一步考察了政治关联对企业控制权结构的影响。结果发现，在市场化程度更低或者政府对资源分配干预更强的地区，企业更有可能建立政治关联。此外，政治关联企业的控股股东倾向于集中股权、主导董事会，以便通过政治关联开展寻租活动、与政治关联方分享寻租收益。

政治关联企业倾向于增加慈善捐赠。Li 等（2015）以 2004—2011 年我国沪深上市公司为样本，研究了企业慈善捐赠行为与政治关联和产权性质的关系。结果发现，政治关联与企业慈善捐赠行为显著正相关，并且这一关系在非国有企业表现得更为强烈。

政治关联可能弱化公司治理。Cheng 和 Leung（2016）以 2001—2008 年我国沪深上市公司为样本，发现受政府保护的企业有更好的业绩和更高的高管变更频率；然而，当董事长或 CEO 具有政府背景时，变更频率显著降低。

Kim 和 Zhang（2016）利用人工搜集的美国企业政治关联的数据，发现政治关联企业比非政治关联企业税收激进程度更高，这说明政治关联企业拥有更低的税收执法成本、更多的税收法律和执法变更的信息、更小的资本市场信息公开压力以及更高的风险偏好。

2.4.4 政治关联研究文献综述

现有文献对政治关联这一非正式制度的经济后果进行了广泛的研究，得出了一系列丰富的结论。政治关联对企业来说是一项资源，对企业有一定的正面影响。政治关联能够提升企业市场价值（Fisman，2001；Faccio，2006；Goldman et al.，2009；Lin et al.，2016；吴文锋等，2008；李健等，2012），帮助企业获得更多银行贷款（Khwaja and Mian，2005；Leuz and Oberholzer-Gee，2006；Claessens et al.，2008；余明桂、潘红波，2008；李健、陈传明，2013）、政府救助（Faccio et al.，2006）、税收优惠（Adhikari et al.，2006；吴文锋等，2009），提高增发审批的通过率（杨星等，2016）。政治关联对企业的积极行为也带来了正面的影响，例如，推动企业贸易扩张（Lu，2011）、集中股权（Chen et al.，2011）、增加慈善捐赠（Li et al.，2015；李维安等，2015；杜勇、陈建英，2016）以及提高税收激进程度（Kim and Zhang，2016）、增加投资（蔡卫星等，2011）。

然而，也有的研究发现政治关联产生了负面影响，例如，导致企业业绩下滑（Fan et al.，2007）、提高企业盈余管理水平（刘永泽等，2013）、弱化公司治理（Cheng and Leung，2016；游家兴等，2010）、挤出研发投资（杜兴强等，2012）、阻碍企业创新（袁建国等，2015）。还有的研究发现政治关联的经济后果并不是单一线性的，而要视情况分类型而定（吴文锋等，2008；杜兴强等，2009；刘慧龙等，2010；江雅雯等，2011；周林洁和邱汛，2013；张川等，2014；唐松和孙铮，2014）。

丁重和邓可斌（2010）、江雅雯等（2011）以及袁建国等（2015）对政治关联和企业创新之间的关系进行了研究。然而，关于两者之间的影响机制仍然值得进一步探讨和完善。

2.5 法律环境的相关研究

2.5.1 法律环境与企业融资

关于法律环境的经济后果,部分研究追随 La Porta 等(1998)在"法与金融"领域的开创性工作,考察了法律因素对企业融资以及金融市场的影响。

法律环境会影响银行对企业的贷款决策。郑志刚和邓贺斐(2010)表明,法律环境的改善能显著地促进区域资本市场规模和银行信贷规模的发展。钱先航和曹廷求(2015)利用山东省的调查数据,发现法律保护对中小企业融资造成了不利影响,但法律执行会降低银行审查要求。进一步发现,法律执行和信用在贷款过程中具有替代性,法律执行和信用在贷款结果上存在互补性。

法律环境会影响企业融资成本,进而影响企业资本结构及其调整。沈艺峰等(2005)基于1993—2001年我国A股上市公司参与股权再融资的数据,发现中小股东权益保护水平与上市公司股权融资成本之间存在显著的负相关关系。李莉等(2014)发现知识产权保护水平的提高能够增加企业股权融资的比例,且信息不对称水平在其中发挥了中介效应。提高知识产权保护水平,会导致信息不对称程度降低,企业对战略投资者的吸引力度增加,企业资本结构得到有效改善。黄继承等(2014)利用我国上市公司1998—2009年的数据,研究了法律环境如何影响公司资本结构的动态调整。

法律环境对融资难度的改变也会进一步影响公司的股权集中度。许年行和吴世农(2005)从中小股东权益保护的视角考察了法律环境的变化对IPO企业股权集中度的影响。研究发现,中小股东法律保护降低了股权集中度。

2.5.2 法律环境与企业行为

陈冬等(2009)考察了国有企业私有化对会计师事务所选择的影响。结果发现,国有上市公司在私有化之后,对会计师事务所的选取发生了变化。进一步考察法律环境的边际影响,结果表明,我国法律环境对国企私有化后变更会计师事务所的行为未能起到有效的约束作用。

法律环境也会影响公司治理。吴宗法和张英丽(2012)的研究表明,对中小投资者的法律保护能有效改善控股股东对中小股东的利益侵占。他们利用我国上市公司中民营企业2003—2007年的数据,考察了法律制度环境、两权(控制权和所有权)分离对公司利益侵占的影响。结果表明,两权分离程度与公司利益侵占水平正相关,而企业所在地区的法律制度环境与公司利益侵占水平之间呈负相关关系。法律保护能在边际上影响社会资本对 IPO 盈余管理行为(潘越等,2010)。此外,法律环境对非生产类企业的行为也会造成影响(刘明辉等,2015)。

2.5.3 法律保护与创新

在理论模型方面,Gangopadhyay 和 Mondal(2012)将产权保护阻碍知识自由传播的思想引入创新的内生增长模型中,阐明过于严格的产权保护可能会不利于创新。一方面,产权保护会增加创新的预期未来收益;另一方面,产权保护会限制知识溢出从而使得未来创新难度增加。因此,产权保护水平与创新之间可能呈现出倒 U 形的非线性关系。贺贵才和于永达(2011)构建理论模型,得出知识产权保护对创新的激励效果因行业技术结构而异的结论。

在实证研究方面,关于法律保护对国家层面的创新的影响。Chen 和 Puttitanun(2005)构建了一个模型,从而对模仿国外技术与鼓励自主创新进行权衡,结果显示,在发展中国家,创新同知识产权保护力度的加强而提高,呈正相关关系,知识产权保护随国家发展水平呈非线性(U 形)变化,先降低而后上升。王华(2011)将知识产权保护引入内生增长模型,从理论上分析了这一因素对技术进步的影响机制。结果表明,知识产权保护能够促进技术创新;同时,初始保护力度在二者的关系中发挥负向的调节作用。

然而,法律保护对一国创新的影响可能因该国发展水平而异。Kim 等(2012)利用国家层面的面板数据,经实证研究发现,对发达国家而言,专利保护对创新至关重要,专利创新能够带动经济增长;然而,在发展中国家,产权保护在较低水平下才能促进创新和经济增长。Schneider(2005)考察了技术贸易、产权保护与 FDI(国际直接投资)对一国创新和经济增长的影响,发现知识产权保护水平能够影响创新增长率,并且这一效应在发达国家与发展中国家之间有所差异,强化知识产权保护能显著提高发达国家的创新能力,但不利于发展中国家的创新发展。

法律保护对企业层面的创新激励的影响。法律保护会影响企业研发投入。Brown 等(2013)利用来自 32 个国家的企业样本数据,发现更强的股东权益保护和更发达的股票市场融资会导致企业有更多的长期研发投资,尤其是对小公司而言,这一效应更加显著;但对固定资产投资无影响。而信贷市场发达程度对固定资产投资有轻微的影响,对研发无影响。这一研究将法律和证券市场与经济增长的核心——创新活动联系起来,表明对于难以在信贷市场获得融资的高风险无形投资而言,法律法规和金融发展发挥重要作用,因为它们影响着外部权益融资的可获得性。史宇鹏和顾全林(2013)发现,知识产权侵权会对企业研发造成不利影响,并且这种影响在不同产权性质的企业、竞争程度不同的行业都有所区别。具体而言,在非国有企业以及处于竞争较激烈行业的企业,这种负面影响更加显著。

除研发投入受法律环境影响外,创新产出也会受牵连。Branstetter 等(2006)考察了 1982—1999 年期间 16 个国家的知识产权保护改革对美国跨国公司技术转移的影响。通过对企业层面的数据进行分析,他们发现,改革导致了向分支机构进行技术转移时的版权税有所提高,分支机构的研发费用和国外专利申请量也相应增加,即知识产权保护改革会增加来自国外的技术转移。

2.5.4 法律环境研究文献综述

关于法律环境的经济后果,部分学者追随 La Porta 等(1998)在"法与金融"领域的开创性工作,考察了法律因素对企业融资以及金融市场的影响,包括公司股权融资成本(沈艺峰等,2005)、股权集中度(许年行和吴世农,2005)、公司资本结构(李莉等,2014)及其调整(黄继承等,2014)、银行贷款决策(钱先航、曹廷求,2015)、区域金融市场发展(郑志刚、邓贺斐,2010)等因素。此外,还有一部分研究考察了法律环境对企业行为的影响,例如,企业对会计师事务所的选择(陈冬等,2009)、公司利益侵占(吴宗法、张英丽,2012)、IPO 企业盈余管理行为(潘越等,2010)、事务所审计资源配置及事务所发表的审计意见(刘明辉等,2015)。法律环境影响创新,包括国家层面的技术创新(Chen and Puttitanun,2005;Schneider,2005;Kim et al.,2012;王华,2011;贺贵才、于永达,2011)、省级层面的企业创新(刘思明等,2015)以及企业层面的创新(Branstetter et al.,2006;Brown et al.,2013;史宇鹏、顾全林,2013;潘建平等,2015;潘越等,2015;潘越等,2016)。

第3章
薪酬差距与企业创新的实证研究

3.1 引言

近年来,高管和员工之间的薪酬差距受到各国的广泛关注。例如,我国政府颁布了限制中央企业高管薪酬的政策。从 2015 年 1 月 1 日起,《中央管理企业负责人薪酬制度改革方案》开始执行,针对来自 72 家国有企业的将近 200 名高管,将高管和员工薪酬差距的上限调整为 8 倍。同样,美国证券监管部门也在 2015 年 8 月 5 日通过了一项规定,要求企业披露 CEO 和普通员工之间的薪酬差距。该规定作为多得-弗兰克华尔街改革和消费者保护法案(*The Dodd-Frank Wall Street Reform and Consumer Protection Act*)的一部分,不仅为抗议收入不平等加剧的团体提供了一个新的武器,也为投资者提供了关于企业的重要信息。然而,反对者认为,这项规则会使得公众忽视收入不平等的内在本质,而仅仅将注意力集中在薪酬差距本身。

尽管不少学者讨论了高管和员工之间的薪酬差距或者企业内部薪酬差距的经济后果(Lee et al., 2008; Kale et al., 2009; Banker et al., 2016; Faleye et al., 2013; Firth et al., 2015; Jia et al., 2017; 刘春、孙亮,2010; 黎文靖、胡玉明,2012; 步丹璐、王晓艳,2014; 杨志强、王华,2014),但很少有学者考察企业内部薪酬差距是如何影响创新的。然而,创新对国家和企业的长远发展都非常重要,它能够提升企业的竞争优势(Porter, 1992),也是经济增长的重要动力(Solow, 1957)。中国已经将建设创新型国家作为国家发展战略,因此,培育企业创新能力具有重大的现实意义。另外,激励创新对大多数企业来说都是一项挑战(Tian and Wang, 2014)。Belloc(2012)指出,企业创新的核心是个人将其人力资本与企业的物质资源相整合的过程。尽管股东的投资被认为是生产活动的唯一源泉,但超额利润共享机制为员工(包括管理层和普通员工)提供了激励,使得他们努力致力于创新活动中(Lazonick,2003)。因此,为了最大化地利用管理层和普通员工,企业需要建立适当的激励机制来鼓励他们参与到创新活动进而推动企业创新(Gupta et al.,2007)。

以往的研究发现,激励管理人员或者普通员工参与到创新活动中,各企业的特征也不同。例如,机构投资者持股(Aghion et al.,2013)、风险投资(Chemmanur et al.,2014)、私募股权(Lerner et al.,2011;Bernstein,2015)、对于失败的容忍度(Ederer and Manso,2013;Tian and Wang,2014)、分析师的"忽视"(He and Tian,2013)以及非CEO高管的锦标赛奖励(Jia et al.,2017)都能激发管理者的创新热情,促使他们致力于企业长期的创新活动。部分研究还从员工激励的视角,发现员工持股对企业创新有利(Chang et al.,2015a),而工会权力扩张对企业创新不利(Bradley et al.,2016)。

这些研究意味着,同时从高管和普通员工两个视角对企业创新进行考察才能更为全面地了解创新背后的激励机制。然而,目前尚未有研究将管理层和普通员工的激励对企业创新的影响进行综合考察。虽然管理层和员工(如未特别说明,则指普通员工,下文同)在企业创新中承担了不同的责任,但他们都是企业价值的创造者。管理层是研发活动的决策者,上市公司所有权和控制权的分离使得管理层激励成为企业的重大事项之一,它能够缓解管理者短视,促使管理者更多地参与到创新活动中(He and Tian,2013)。同时,员工在创新中的角色也举足轻重,即使是蓝领工人,也对创新有直接和间接的影响。一方面,许多专利想法最初来源于这些一线生产工人;另一方面,他们通常充当研发人员的后备支持人员,会影响创新的生产效率(Bradley et al.,2016)。陈冬华等(2015)也指出,员工的努力程度会影响管理层并最终影响股东价值的实现,管理层与员工薪酬的同步性也会影响激励效果和企业效率,因此,考察管理层薪酬与员工薪酬的综合创新效果有重要的现实意义[①]。

锦标赛理论和比较理论对薪酬差距的激励效果进行了互相矛盾的诠释。锦标赛理论由 Lazear 和 Rosen(1981)首次提出,后续由 Rosen(1986)补充扩展。他们提出,企业通过设立薪酬等级制度激励员工。组织层级中某一阶层的

[①] 目前,国内研究主要是发现企业特征和国家政策等因素会对企业创新产生影响,例如,管理层或CEO薪酬(李春涛、宋敏,2010;鲁桐、党印,2014)、企业股权结构和特征(温军、冯根福,2012;鲁桐、党印,2014;李文贵、余明桂,2015)、政治关联(袁建国等,2015)、政府补贴等财税扶持政策(杨洋等,2015;张杰等,2015;黎文靖、郑曼妮,2016)以及政府管制(张峰等,2016);等等。

薪酬水平能够同时激励本层次和更低一层层次的员工（Rajgopal and Srinivasan，2006）。因此，管理层将被他们自身的薪酬所激励，而员工不仅会被本层次的工资还会被管理层的薪酬（即竞赛奖励）所激励。与锦标赛理论一致，实证研究已经表明企业内部薪酬差距与企业业绩正相关（Lallemand et al.，2004；Banker et al.，2016；Faleye et al.，2013；Jia et al.，2017；刘春、孙亮，2010；黎文靖、胡玉明，2012）。

比较理论（comparison theories）同样也被广泛用于解释个体对薪酬的反应，它包括社会比较理论（social comparison theory）、公平理论（equity theory）以及相对剥削理论（relative disparity theory）。在这些理论中，个体期望回报与其贡献对等，并通过与其他参照组比较来评价自身以及他们与企业的交换关系的公平性，如果他们自身的投入-产出比低于其对照组，他们将会产生不公平或者被剥削的感觉（Festinger，1954；Adams，1965；Martin，1981）。个体通过某些方式来缓解由不公平引致的紧张感，例如，调整他们对自己的或者参照组的投入、产出的感知，改变他们的实际投入（如降低努力程度、出勤率）或者实际收益（要求更高的报酬），甚至不顾自身利益进行报复（Cowherd and Levine，1992）。以往的实证研究已经发现，企业薪酬差距扩大会缩短管理层任期、提高管理层流失率、削弱团队合作、降低生产率和企业盈利能力（Bloom and Michel，2002；Firth et al.，2015；张正堂，2008）。因此，管理层和员工薪酬差距过大引起的不公平感可能会成为阻碍企业创新的行为。

本章试图实证考察薪酬差距与创新之间的关系，判断究竟哪种途径占主导地位。为此，我们通过回归检验考察企业薪酬差距对企业创新的影响。本章利用专利申请量这一创新产出指标来衡量企业创新。由于该数据具有左端截取的分布特征，我们选取Tobit模型进行回归。在基准回归检验中，我们构建了薪酬差距与创新产出的线性模型，发现薪酬差距能够促进企业创新。由于锦标赛理论和比较理论对薪酬差距的经济后果有相反的论断，我们构建了一个二次项模型来进一步检验薪酬差距与创新产出之间是否存在非线性关系。结果显示，两者之间存在倒U形关系。然而，薪酬差距较大的子样本并没有显著地反映出薪酬差距对创新产出的负面影响，表明薪酬差距与创新之间的正向线性关系是相对可靠的。

为识别企业薪酬差距与创新的因果关系，我们引入省级层面的最低工资作为薪酬差距的工具变量。Draca等（2011）指出，最低工资调整会提高低收入者的工资水平。那么，对于注册地在政策相关区域的公司而言，由于普通员工薪酬与最低工资紧密相关，最低工资的上涨可能会导致管理层与普通员工之间薪酬差距缩小。同时，省级非同步的最低工资调整政策受企业层面因素干扰的可能性较小（Gan et al., 2016），不直接与企业创新相关。因此，省级最低工资水平满足相关性和有效性的标准，可以作为一个合适的企业薪酬差距的工具变量。在处理了可能的内生性问题之后，我们得到了与基准模型回归结果一致的结论。

此外，我们还进行了一系列的稳健性检验。首先，我们在基准模型中将研发投入作为创新的替代性变量；其次，我们考察了薪酬差距对企业创新的影响在技术密集型行业是否显著；最后，考虑到最低工资制度的执行力度在2004年以后有所加强，我们利用2004—2012年期间的子样本进行工具变量识别。所有这些结果都与基准回归一致。

为了进一步探讨创新激励的来源，我们把企业薪酬差距分解成三个成分（Banker et al., 2016）：管理层薪酬溢价、员工薪酬溢价以及行业薪酬差距，从而将管理层激励与员工激励的影响互相分离。我们发现，管理层薪酬溢价促进创新，而员工薪酬溢价阻碍创新。在此基础上，我们还考察了人力资本的调节效应。结果显示，在人力资本更高的企业中，管理层薪酬溢价的正向作用更加显著，而员工薪酬溢价的负面作用更加微弱。这表明，一方面，具备更高人力资本的员工在创新决策的执行中有更大的合作意愿、更强的工作技能以及更高的创新热情；另一方面，员工薪酬溢价对企业可能是一种资源的浪费，尤其是在员工人力资本较低的时候。在这种情况下，员工薪酬溢价对那些资金配置紧张的企业可能更加不利。因此，考虑到国有企业在资本市场的融资优势，我们将国有企业和非国有企业进行对比考察，结果表明，员工薪酬溢价对创新的负面影响只在非国有企业子样本中显著，证实了员工薪酬溢价挤占了企业资源的猜想，并为以往关于非国有企业融资歧视的经济后果补充了证据。

3.2 数据来源及研究设计

3.2.1 样本选取

本章的研究样本是2000—2012年中国上海证券交易所和深圳证券交易所上市的所有公司。企业专利信息主要来自He等（2013）、Tong等（2014）手工整理的专利数据库。该数据库将国家知识产权局（SIPO）公布的原始专利数据与上市公司相关信息进行匹配，解决了专利数据与公司数据无法关联的问题。为使上市公司专利数据更加全面和准确，该数据库在匹配过程中还考虑了企业的更名历史。该数据库包含了上市公司从IPO年份开始到2010年期间各类专利的申请数量和截至2012年1月的发明专利申请授予数量、到期数量等数据。参照He等（2013）所描述的数据匹配方法，我们对2011—2012年各类专利申请数量的数据进行了补充。其他数据主要来源于国泰安CSMAR数据库，个别数据来自Wind数据库。由于金融行业会计制度的特殊性，将该行业样本剔除。

3.2.2 变量定义

3.2.2.1 企业创新

现有文献中，创新的衡量测度主要有两种：一种是专利，广泛应用于近年来的研究中（Acharya and Subramanian, 2009; Lerner et al., 2011; Aghion et al., 2013; He and Tian, 2013; Chemmanur et al., 2014; Tian and Wang, 2014; Bernstein, 2015; Boasson, 2015; Chang et al., 2015a; Tan et al., 2015; Bradley et al., 2016; Jia et al., 2017）；另一种是研发支出，常见于早期的研究。前者在很多方面优于后者。首先，专利活动和专利的特征反映的是创新产出，体现了资源的成功整合与团队的融洽合作，而研发支出仅指研发投入，可能存在浪费或者利用率不高的情况（Lerner et al., 2011; Jia et al., 2017）。其次，研发支出对会计准则较为敏感，尤其是关于它应该资本化还是费用化的争论（Acharya and Subramanian, 2009）。最后，直到2006年，中国的上市公司才开始在年报中披露研发支出。即使是在2009—2012年期间，都有超过30%的上市公司没有报告这一指标。然而，这一会计项目的缺失并不意味着创新活动的匮乏，单纯地将它的数值设为零，将导致研究结果出现明显偏差（Koh and Reeb, 2015; Jia et al., 2017）。因此，专利指标能更好地反映企业的创新业绩。

本章参考Tong等（2014）、Tan等（2015）以及黎文靖和郑曼妮（2016）等的研究，以专利申请数量来衡量企业创新。我们根据申请年份而非授予年份来定义专利产出，是因为申请年份能更准确地体现创新的产出时间（Griliches et al., 1987; Tan et al., 2015）。根据《中华人民共和国专利法》的规定，专利分为三类，即发明专利、实用新型专利和外观设计专利。发明专利是指对产品、方法或者对其改进所提出的新的技术方案；实用新型专利是指对产品的形状、构造或者其结合所提出的适于实用的新的技术方案；外观设计专利，是指对产品的形状、图案或者其结合以及色彩与形状、图案的结合所做出的富有美感并适于工业应用的新设计。具体来说，我们将各企业每年三种类型的专利申请数量相加得到创新总量 Patent。由于 SIPO 的原始专利数据并未提供专利引用信息，我们只能依照原创性标准以发明专利申请量来测度专利质量。因此，我们用三类专利申请总量衡量创新总量，发明专利申请量 Patent1 衡量创新质量。同时，我们将实用新型专利与外观设计专利（简称"非发明专利"）申请量加总，构造了非发明专利申请量指标 Patent23 以作对比。此外，这还与黎文靖和郑曼妮（2016）所提及的"实质性创新"和"策略性创新"的划分方式一致，即发明专利申请对应于实质性创新，而非发明专利申请对应于策略性创新。

考虑到专利申请数据的右偏问题，我们将这 3 个变量对数化处理。为了避免实际专利申请量为零的观测值被删除，我们在对数化之前先将专利申请总量、发明专利申请量以及非发明专利申请量的值各自加 1，最终得到 3 个对数处理后的变量分别表示创新总量（lnPatent）、创新质量（lnPatent1）以及创新数量（lnPatent23）。

3.2.2.2 企业薪酬差距

参照 Banker 等（2016）、Faleye 等（2013）、步丹璐和王晓艳（2014）等的研究，我们将企业薪酬差距变量定义为管理层平均薪酬与员工平均薪酬的比值。其中，管理层包括所有的高管、董事（独立董事除外）以及监事，员工是指所有的普通员工。薪酬信息来自各企业的年报。

具体而言，管理层平均薪酬（AMP）等于"董事、监事及高管年薪总额"除以管理层规模，其中管理层规模是"董事人数""高管人数"及"监事人数"总和减去"独立董事人数"以及"未领取薪酬的董事、监事或高管人数"。与美国不同，中国企业的股权支付覆盖范围和支付比例均较小（Bryson et al.，2014）[1]。因此，我们没有将股权支付纳入薪酬的范围，但是我们在回归中控制了管理层持股这一因素的影响。

类似地，员工平均薪酬（AEP）等于"应付职工薪酬总额"变化值加上"支付给职工以及为职工支付的现金"减去"董事、监事及高管年薪总额"再除以员工人数。

最终，通过计算管理层平均薪酬（AMP）与员工平均薪酬（AEP）的比值，

---

[1] 2006 年实施的《上市公司股权激励管理办法（试行）》为上市公司实行股权激励提供了法律保障，高管股权激励方案逐渐在少数公司推行。据 Bryson 等（2014）的估算，中国上市公司在 2006—2010 年间，平均每年只有 2.28% 的公司为高管提供了股权激励方案，并且这部分股权支付平均只占高管总报酬的 20% 左右。而员工持股计划在 2014 年中国证监会颁布了《上市公司实施员工持股计划试点指导意见》之后才陆续开始推出。

得到本章的核心变量"企业薪酬差距（FPG）"。

3.2.2.3 其他控制变量

在以往企业创新文献的基础上，我们控制了一系列可能影响企业未来创新产出的企业特征和行业特征变量，包括企业规模、杠杆率、盈利能力、固定资产份额、企业年龄、销售额增长率、行业集中度、国有产权属性、CEO 和董事长两职合一、独立董事比率和管理层持股比例以及管理层薪酬[①]。各变量详细定义见表 3-1。

表 3-1 变量定义

符号	名称	定义
$Patent$		专利申请总量，即发明专利、实用新型专利与外观设计专利申请之和，表示创新总量
$Patent1$	专利申请量	发明专利申请量，表示创新质量
$Patent23$		非发明专利申请量，即实用新型与外观设计专利申请量之和，表示创新数量
FPG	企业薪酬差距	企业管理层平均薪酬与员工平均薪酬的比值
$Size$	企业规模	企业期末资产总值的自然对数
$Leverage$	资产负债率	企业期末负债总值与资产总值的比值
ROA	资产收益率	企业净利润与总资产的比值，衡量企业的盈利能力
$Tangibility$	固定资产份额	（期末固定资产＋折旧）/期末资产总值
Age	企业年龄	公司成立的年限，等于当前年度加 1 减去公司成立年份
$Sales\ Growth$	销售额增长率	企业当年销售额的变化值与上一年度销售额之比
HHI	行业集中度	某行业一年度内所有企业以销售额衡量的市场占有率的平方和
SOE	国有产权属性	虚拟变量，企业实际控制人为中央或地方政府时取 1，否则取 0

---

① 薪酬差距影响创新可能是由管理层薪酬驱动的，为了排除这个干扰，在本章额外控制了管理层薪酬这一变量。

续表3-1

符号	名称	定义
Dual	两职合一	虚拟变量，CEO 和董事长两职合一则取1，两职分离则取0
IndRatio	独立董事占比	独立董事人数与董事会规模的比例
MH（%）	管理层持股比率	管理层持股数量占总股本的百分比
TMP（%）	管理层薪酬比率	管理层薪酬总额占总资产的百分比

3.3 实证结果分析

3.3.1 描述性统计

表3-2报告了变量的描述性统计结果。所有连续型变量均在1%和99%上进行了winsorize（缩尾）处理。在对数据缺失的观测值进行剔除后，最终得到的研究样本包含13410个观测值。平均而言，每个企业大约每年有8.002个专利申请，其中，有2.521个发明专利申请、5.212个非发明专利申请。企业薪酬差距为4.579、杠杆率为49.7%、资产收益率为3.0%、固定资产份额为30.2%、销售额增长率为24.3%、行业集中度为0.067、独立董事为33.9%、管理层持股比率为2.408%，成立了12.762年。在所有样本观测值中，有66.4%是国有控股，14.1%存在CEO和董事长两职合一的情况。

表3-2 描述性统计

变量	观测值	平均值	标准差	最小值	中位数	最大值
Patent	13410	8.002	27.154	0	0	207
Patent1	13410	2.521	8.849	0	0	66
Patent23	13410	5.212	18.492	0	0	141
FPG	13410	4.579	3.950	0.151	3.484	23.113
SOE	13410	0.664	0.472	0	1	1
Size	13410	21.605	1.142	19.222	21.480	25.162
Leverage	13410	0.497	0.193	0.067	0.507	0.913
ROA	13410	0.030	0.059	−0.222	0.030	0.192

续表 3-2

变量	观测值	平均值	标准差	最小值	中位数	最大值
Tangibility	13410	0.302	0.195	0.004	0.269	0.825
Age	13410	12.762	4.718	2	12	33
Sales Growth	13410	0.243	0.645	-0.673	0.140	4.740
HHI	13410	0.067	0.060	0.018	0.046	0.349
Dual	13410	0.141	0.348	0	0	1
IndRatio	13410	0.339	0.085	0	0.333	0.556
MH(%)	13410	2.408	9.706	0	0.004	58.134
TMP(%)	13410	0.280	0.510	0.000	0.146	14.460

3.3.2 基准回归模型

为了估计薪酬差距（指企业内部薪酬差距，下文同）对企业创新的影响，我们用不同维度的专利产出对薪酬差距进行回归。回归模型如方程（3-1）所示。由于专利数据是左端截取的，如无特殊说明，本章采用的都是 Tobit 估计方法。

$$Innovation_{i,t+1} = \alpha + \beta FPG_{i,t} + \gamma Controls_{i,t} + \sum Year + \sum Industry + \varepsilon_{i,t}$$

(3-1)

其中，i 代表企业；t 代表年度；因变量 $Innovation$ 表示创新产出测度，即 $lnPatent$、$lnPatent1$ 和 $lnPatent23$，其分别是专利申请总量（$Patent$）、发明专利申请量（$Patent1$）和非发明专利申请量（$Patent23$）加 1 之后的对数值。由于创新过程需要耗费一定的时间，我们在回归中将所有自变量做滞后一期处理[①]。$Controls$ 为控制变量，具体包含一系列可能影响创新产出的企业和行业特征变量，详见表 3-1 的变量定义。此外，$\sum Industry$、$\sum Year$ 分别表示控制了行业和年度固定效应。

表 3-3 报告了模型（3-1）的回归结果。FPG 的系数在每一列中都为正，并且在（1）列和（3）列中在 1% 的水平上显著，在（2）列中在 10% 的水平上显著，这意味着扩大薪酬差距整体上能提高专利产出，包括发明专利和非发明专利，说明企业薪酬差距对创新的影响同时体现在创新数量和创新质量层面。

---

① 为保证结果的稳健，我们还考察了薪酬差距对未来两年、三年甚至四年的专利产出的影响，得到的结果与基准回归一致。企业薪酬差距对未来两年、三年和四年累积的专利申请量的影响，也得到了一致的估计结果。

这个结果在一定程度上支持了锦标赛理论，表明企业薪酬差距能够激发创新，这与以往文献关于企业内部薪酬差距对企业业绩有正面影响的结论一致（Lallemand et al.，2004；Banker et al.，2016；Faleye et al.，2013；刘春、孙亮，2010；黎文靖、胡玉明，2012）。

控制变量的系数表明，国有企业的创新产出显著高于非国有企业。企业规模越大、杠杆率越低、资产收益率越高、固定资产份额越大、销售额增长率越低、行业集中度越高、独立董事占比越高、管理层持股比率越高、企业年龄越小，企业创新产出越高。此外，CEO 和董事长两职合一也有利于创新。

表3-3 薪酬差距与企业创新

变量	$\ln Patent_{t+1}$	$\ln Patent1_{t+1}$	$\ln Patent23_{t+1}$
	(1)	(2)	(3)
FPG	0.023***	0.013*	0.026***
	(2.980)	(1.815)	(3.078)
SOE	0.144**	0.149**	0.028
	(1.985)	(2.157)	(0.355)
Size	0.770***	0.710***	0.745***
	(21.218)	(20.613)	(18.904)
Leverage	-1.037***	-0.784***	-0.814***
	(-5.312)	(-4.193)	(-3.798)
ROA	4.713***	4.549***	4.177***
	(7.383)	(7.488)	(5.893)
Tangibility	0.213	0.247	0.079
	(1.028)	(1.249)	(0.344)
Age	-0.052***	-0.060***	-0.031***
	(-6.016)	(-7.164)	(-3.348)
Sales Growth	-0.196***	-0.163***	-0.154**
	(-3.099)	(-2.816)	(-2.341)
HHI	1.054	1.462	0.247
	(0.738)	(1.061)	(0.162)
Dual	0.254***	0.341***	0.125
	(2.960)	(4.294)	(1.272)

续表 3-3

变量	$\ln Patent_{t+1}$ (1)	$\ln Patent1_{t+1}$ (2)	$\ln Patent23_{t+1}$ (3)
IndRatio	1.036*	0.956*	1.071*
	(1.926)	(1.852)	(1.829)
MH	0.015***	0.009**	0.014***
	(3.871)	(2.431)	(3.242)
TMP	-0.493***	-0.240**	-0.786***
	(-4.458)	(-2.530)	(-5.321)
Industry Effect	YES	YES	YES
Year Effect	YES	YES	YES
Constant	-19.046***	-18.361***	-19.413***
	(-22.354)	(-22.176)	(-20.150)
观测值	10790	10790	10790

注：本表报告了企业薪酬差距对不同维度的创新产出（创新总量、创新质量与创新数量）的影响。括号内是经过稳健性调整的 t 值；***、** 和 * 分别表示在1%、5%和10%的水平上显著。

3.3.3 非线性效应

虽然我们发现薪酬差距与创新产出之间存在正相关的关系，但这只反映了两者之间的净效应，理论界对薪酬差距的经济效果仍存在争议。从锦标赛理论的视角出发，企业可以通过设置薪酬等级，使得一部分员工获得高于其边际产出的工资，而另一部分员工的工资则低于其边际产出。与公平的计件工资制度相比，这种奖励式的工资结构在高风险的活动中占优势（Lazear and Rosen, 1981）。在这种薪酬制度下，员工同时被自身所处等级的薪酬和更高等级的薪酬（即竞赛奖励）所激励（Rajgopal and Srinivasan, 2006）。因此，较大的薪酬差距不仅能激励管理层，也能激励普通员工参与到创新活动中。然而，比较理论则持不同观点。在这些理论中，过大的薪酬差距会让员工产生被剥削或者不公平的感觉（Martin, 1981），使得他们的工作努力程度和合作意愿降低，离职率和缺勤率上升（Cowherd and Levine, 1992），对企业创新不利。基于锦标赛理论和比较理论相互矛盾的经济后果，我们试图尽可能地对薪酬差距与企业创新之间的正向净效应进行剖析。因此，我们构建了一个二次项模型，以检验企业薪酬差距与创新产出之间是否存在非线性效应,即是否存在一个能使得创新产出最大化的最优薪酬差距。模型如(3-2)所示。

$$Innovation_{i,t+1} = \alpha + \beta FPG_{i,t} + \delta FPG_{i,t}^2 + \gamma Controls_{i,t} + \sum Year + \sum Industry + \varepsilon_{i,t}$$
$$(3-2)$$

其中,二次项体现了薪酬差距与创新之间的非线性关系。在 FPG 的系数为正的情况下,如果 FPG^2 的系数也为正,表明薪酬差距与创新之间的关系呈现出开口向上的抛物线形,即随着薪酬差距扩大,企业创新也随之增加,而且薪酬差距的边际创新产出上升;相反,如果 FPG^2 的系数为负,则表示薪酬差距与创新之间的关系呈现出开口向下的抛物线形,随着薪酬差距扩大,专利产出先增加后减少,薪酬差距的边际创新产出减少。

表3-4报告了非线性模型(3-2)的结果。FPG 的系数与线性模型一致,都显著为正。FPG^2 的系数全都显著为负,表明薪酬差距不管是与创新数量还是与创新质量,都呈现出开口向下的抛物线形(倒 U 形)关系。因此,存在一个薪酬差距的临界值,当薪酬差距的实际值低于这个临界值时,薪酬差距扩大促进企业创新,即薪酬差距的边际产出为正;反之,薪酬差距扩大则会阻碍企业创新,薪酬差距的边际产出为负。这反映了锦标赛理论和比较理论之间的一个权衡,两者分别在薪酬差距较小和较大的阶段占支配地位。

表3-4 薪酬差距与企业创新的非线性效应

变量	$\ln Patent_{t+1}$	$\ln Patent1_{t+1}$	$\ln Patent23_{t+1}$
	(1)	(2)	(3)
FPG	0.070***	0.045**	0.071***
	(3.397)	(2.338)	(3.135)
FPG^2	-0.003**	-0.002*	-0.002**
	(-2.420)	(-1.765)	(-2.113)
SOE	0.151**	0.154**	0.035
	(2.085)	(2.239)	(0.440)
$Size$	0.769***	0.709***	0.744***
	(21.185)	(20.586)	(18.855)
$Leverage$	-1.040***	-0.787***	-0.816***
	(-5.334)	(-4.206)	(-3.812)

续表 3-4

变量	$\ln Patent_{t+1}$ (1)	$\ln Patent1_{t+1}$ (2)	$\ln Patent23_{t+1}$ (3)
ROA	4.612***	4.477***	4.078***
	(7.205)	(7.345)	(5.737)
Tangibility	0.195	0.233	0.060
	(0.940)	(1.179)	(0.260)
Age	-0.051***	-0.059***	-0.030***
	(-5.858)	(-7.045)	(-3.204)
Sales Growth	-0.196***	-0.163***	-0.154**
	(-3.102)	(-2.817)	(-2.344)
HHI	1.081	1.474	0.275
	(0.758)	(1.071)	(0.181)
Dual	0.259***	0.344***	0.131
	(3.025)	(4.335)	(1.332)
IndRatio	1.055**	0.966*	1.087*
	(1.963)	(1.874)	(1.859)
MH	0.015***	0.009**	0.013***
	(3.832)	(2.404)	(3.214)
TMP	-0.503***	-0.245**	-0.801***
	(-4.491)	(-2.549)	(-5.345)
Industry Effect	YES	YES	YES
Year Effect	YES	YES	YES
Constant	-19.113***	-18.404***	-19.471***
	(-22.422)	(-22.213)	(-20.193)
观测值	10790	10790	10790

注：本表报告了企业薪酬差距对创新产出的非线性影响。FPG^2是 FPG 的平方项；括号内是经过稳健性调整的 t 值；***、**和*分别表示在1%、5%和10%的水平上显著。

为了进一步检验薪酬差距的非线性效应，我们考察不同水平的薪酬差距对企业创新的影响。具体来说，我们按照行业-年度企业薪酬差距的排序将全样本平均分成 3 组，然后分别对薪酬差距较小和较大的子样本（分别对应于 $group=1$ 和 $group=3$）进行模型（3-1）的回归，结果如表 3-5 所示。FPG 的系数在薪酬差距较小的子样本中都显著为正，在较大的子样本中都为负，但不显著，表明薪酬差距处于较低水平时能促进企业创新，而在较高水平的阶段并不显著地阻碍企业创新。整体而言，锦标赛理论在薪酬差距对创新的影响中占支配地位，表明薪酬差距与企业创新的线性关系是相对可靠的。

3.3.4 内生性问题

尽管前文发现薪酬差距与企业创新之间存在正相关关系，但其因果效应仍然需要进一步识别。首先，薪酬差距能够给管理层和员工带来激励从而促进企业创新；相反，创新产出的预期变动也可能会扩大企业薪酬差距，导致反向因果问题。例如，企业创新能力越强，可能会创造更高的利润，导致管理层和员工薪酬变化的不同步而最终使得管理层与员工薪酬差距拉大①。其次，某些同时影响薪酬差距和创新产出的遗漏变量，例如，管理层或是普通员工阶层的人才流入，可能导致薪酬差距与创新之间的虚假因果关系。因此，我们通过引入工具变量，利用两阶段最小二乘法处理可能存在的内生性问题。

具体而言，我们利用省级最低工资作为工具变量。早在 1994 年，中央政府就开始在部分城市和地区施行最低工资制度。但在 2003 年以前，最低工资标准很少变动。尤其是在 1998 年亚洲金融危机的时候，全国只有五分之一的县/县级市调整了最低工资（Huang et al., 2014）。2004 年 3 月起，随着劳动和社会保障部发布的《最低工资规定》的施行，最低工资体系在全国 31 个省、自治区、直辖市得以普遍建立，最低工资的调整也逐渐正规化，各地方政府至少每两年调整一次最低工资标准（Gan et al., 2016）。我们之所以选取省级最低工资作为薪酬差距的工具变量，原因有如下两点：①最低工资制度旨在保障劳动者的最低收益，缩小居民收入差距，最低工资的调整也可能促使企业更加注重薪酬公平，实证研究发现，最低工资的政策能提高低收入者的工资水平（Draca et al., 2011），最低工资上涨会导致企业平均工资的增加，且这种效应在劳动密集型或人均资本较低企业更加显著（马双等，2012），这说明最低工资的调整更多地影响普通员工（低收入者）而非管理人员（高收入者）的薪酬，因此，最低工资的调整（逐年非递减）会导致企业薪酬差距缩小。②省级政府根

---

① 方军雄（2011）发现，中国上市公司薪酬存在严重的尺蠖效应，公司业绩上升时，高管薪酬增幅大于员工；而业绩下滑时，高管薪酬增幅并不低于员工。

表3-5 不同水平的薪酬差距与企业创新

变量	$lnPatent_{t+1}$			$lnPatent1_{t+1}$		$lnPatent23_{t+1}$	
	(1)	(2)	(3)	(4)	(5)	(6)	
	group = 1	group = 3	group = 1	group = 3	group = 1	group = 3	
FPG	0.333***	-0.006	0.252***	-0.010	0.352***	0.000	
	(4.496)	(-0.486)	(3.652)	(-0.882)	(4.331)	(0.017)	
SOE	0.262**	-0.033	0.299**	-0.093	0.117	-0.096	
	(1.985)	(-0.287)	(2.411)	(-0.879)	(0.805)	(-0.759)	
Size	0.664***	0.792***	0.559***	0.751***	0.672***	0.763***	
	(10.611)	(12.202)	(9.648)	(12.265)	(9.836)	(10.976)	
Leverage	-0.766**	-0.897**	-0.800***	-0.438	-0.387	-0.969**	
	(-2.444)	(-2.465)	(-2.670)	(-1.298)	(-1.130)	(-2.438)	
ROA	4.212***	5.493***	4.069***	5.077***	4.331***	3.653***	
	(4.041)	(4.935)	(4.091)	(4.810)	(3.701)	(2.980)	
Tangibility	0.769**	0.315	0.498	0.258	0.769**	-0.062	
	(2.197)	(0.898)	(1.464)	(0.799)	(1.997)	(-0.159)	
Age	-0.036**	-0.054***	-0.053***	-0.054***	-0.017	-0.028*	
	(-2.272)	(-3.780)	(-3.410)	(-3.969)	(-0.972)	(-1.791)	
Sales Growth	-0.368***	-0.047	-0.261***	-0.002	-0.315***	0.010	
	(-3.340)	(-0.500)	(-2.719)	(-0.021)	(-2.739)	(0.106)	
HHI	-1.597	-0.424	-2.008	1.195	-1.685	-1.612	
	(-0.620)	(-0.182)	(-0.857)	(0.540)	(-0.604)	(-0.653)	

续表 3-5

变量	$\ln Patent_{t+1}$				$\ln Patent1_{t+1}$				$\ln Patent23_{t+1}$			
	(1)		(2)		(3)		(4)		(5)		(6)	
	group = 1		group = 3		group = 1		group = 3		group = 1		group = 3	
Dual	-0.032		0.536***		0.133		0.592***		-0.109		0.299*	
	(-0.197)		(3.920)		(0.908)		(4.822)		(-0.590)		(1.854)	
IndRatio	2.045**		0.703		0.987		1.476*		1.974**		0.049	
	(2.264)		(0.773)		(1.182)		(1.742)		(1.979)		(0.049)	
MH	0.029***		0.011*		0.015**		0.011**		0.029***		0.008	
	(3.971)		(1.894)		(2.141)		(2.010)		(3.703)		(1.241)	
TMP	-0.821***		-0.495**		-0.410**		-0.352**		-1.225***		-0.675***	
	(-3.553)		(-2.509)		(-2.210)		(-2.005)		(-4.284)		(-2.664)	
Industry Effect	YES		YES		YES		YES		YES		YES	
Year Effect	YES		YES		YES		YES		YES		YES	
Constant	-16.919***		-19.529***		-14.872***		-19.867***		-18.218***		-19.392***	
	(-11.138)		(-13.131)		(-10.800)		(-13.245)		(-10.328)		(-12.013)	
观测值	3686		3581		3686		3581		3686		3581	

注：本表报告了不同水平的企业薪酬差距对企业创新的线性影响。其中 group = 1 和 group = 3 分别指代薪酬差距较小和较大的子样本；括号内是经过稳健性调整的 t 值；***、** 和 * 分别表示在 1%、5% 和 10% 的水平上显著。

据各地的省情调整最低工资的标准，不太可能受企业层面因素的干扰（Gan et al.，2016），因此，省级层面的最低工资调整并不直接与企业创新相关。总之，省级最低工资（Minwage）这一变量满足相关性和有效性标准，可以作为薪酬差距的工具变量[①]。

本章通过一个两阶段最小二乘模型来修正内生性问题导致的偏差。表3-6报告了将Minwage作为工具变量的两阶段最小二乘估计结果。（1）列是第一阶段，即模型（3-3）的估计结果[②]，（2）~（4）列分别是以创新产出的三个不同维度作为因变量的第二阶段估计结果。

$$FPG_{i,t} = \alpha_0 + \beta_0 Minwage_{i,t} + \gamma_0 Controls_{i,t} + \sum Industry + \varepsilon_{i,t} \quad (3-3)$$

不同省份调整最低工资的年度和频率并不一样。对于在某年度调整了最低工资标准的省份，Minwage的取值为该省调整后的最低工资水平；对于未调整的省份，Minwage的取值为该省最近一次调整后的最低工资水平。

（1）列的结果显示，Minwage的系数在1%的水平上显著为负，表明最低工资的上升会导致企业薪酬差距缩小。这与我们上述的猜想一致。工具变量的F统计值在1%的水平上显著，也表明工具变量与FPG高度相关。根据工具变量的经验法则，我们拒绝弱工具变量的原假设。因此，第二阶段估计的标准误在很大程度上是无偏的，在此基础上的统计推断也是相对有效的。

（2）~（4）列分别报告的是lnPatent、lnPatent1和lnPatent23作为因变量的第二阶段估计结果。FPG的系数在3个回归中都显著为正，与基准回归结果基本一致。因此，工具变量的识别检验表明薪酬差距对企业创新存在正向的因果效应。

---

① Minwage还通过了排他性检验，具体做法是将Minwage加入基准回归模型，结果Minwage的系数不显著。此外，我们还对上市公司注册省份变更的信息进行了统计。在我们的样本期间，有0.574%的样本观测值变更了注册省份，在整个A股市场，这个指标为0.505%，两者非常接近。而在总共的77次样本企业变更注册地址所在省份的事件中，只有27次是企业往最低工资标准更低的省份搬迁，还有2次是企业从存在最低工资限制的省份搬迁到无限制的省份。但是，这两类情况中，分别只有7家和0家企业有专利申请。因此，这也在很大程度上可以排除最低工资政策对企业创新的直接影响。为节省篇幅，这些数据及相关的更详细的数据，都未列表展示。

② 此处没有控制年度效应，因为最低工资的趋势是单调非递减的。我们还试着用领先一期的FPG作为因变量，得到的结果与方程（3-3）一致。

表3-6 薪酬差距与企业创新的工具变量检验

变量	第一阶段	第二阶段		
	FPG	$\ln Patent_{t+1}$	$\ln Patent1_{t+1}$	$\ln Patent23_{t+1}$
	(1)	(2)	(3)	(4)
$Minwage$	-0.929***			
	(-6.375)			
FPG		0.579***	0.504***	0.257**
		(2.739)	(2.816)	(2.126)
SOE	-0.922***	0.531***	0.460***	0.219*
	(-11.051)	(2.681)	(2.751)	(1.950)
$Size$	0.941***	-0.216	-0.242	0.031
	(21.372)	(-1.066)	(-1.413)	(0.267)
$Leverage$	0.636***	-0.691***	-0.528***	-0.369***
	(3.137)	(-3.432)	(-3.084)	(-3.327)
ROA	6.530***	-2.215	-2.338*	-0.537
	(9.328)	(-1.450)	(-1.808)	(-0.623)
$Tangibility$	0.395*	-0.247	-0.221	-0.122
	(1.946)	(-1.299)	(-1.378)	(-1.136)
Age	0.027***	-0.047***	-0.042***	-0.020**
	(2.970)	(-3.412)	(-3.575)	(-2.523)
$Sales\ Growth$	-0.105*	-0.009	0.001	-0.012
	(-1.825)	(-0.229)	(0.041)	(-0.542)
HHI	0.443	1.454	1.462	1.246*
	(0.287)	(1.180)	(1.406)	(1.720)
$Dual$	0.289***	-0.073	-0.068	-0.011
	(2.879)	(-0.642)	(-0.716)	(-0.170)
$IndRatio$	0.877**	0.279	0.154	0.327
	(2.203)	(0.683)	(0.450)	(1.371)
MH	-0.000	0.005	0.002	0.005**
	(-0.093)	(1.578)	(0.708)	(2.038)
TMP	0.901***	-0.572**	-0.469**	-0.269**
	(7.070)	(-2.416)	(-2.351)	(-2.064)
Industry Effect	YES	YES	YES	YES

续表 3-6

变量	第一阶段	第二阶段		
	FPG	$\ln Patent_{t+1}$	$\ln Patent1_{t+1}$	$\ln Patent23_{t+1}$
	(1)	(2)	(3)	(4)
Year Effect	NO	YES	YES	YES
Constant	-15.171***	2.733	3.482	-1.516
	(-16.020)	(0.754)	(1.136)	(-0.730)
观测值	13410	10790	10790	10790
调整 R^2	0.100			
F 检验	40.64***			

注:本表报告了两阶段最小二乘法的估计结果。(1)列报告的是第一阶段以省级最低工资(Minwage)作为工具变量的估计结果,(2)~(4)列是第二阶段的估计结果。括号内是经过稳健性调整的 t 值;***、** 和 * 分别表示在 1%、5% 和 10% 的水平上显著。

3.4 稳健性检验

3.4.1 创新的替代变量——研发支出

在以往的文献中,创新的测度主要有两种,即研发支出(R&D)和专利。其中,研发支出衡量的是企业的创新投入,常见于较早期的研究;而专利衡量的是创新产出。在前文中,我们已经讨论了专利在衡量创新时的优势。尽管如此,我们仍然用研发支出作为创新的替代变量来检验薪酬差距对创新的影响的稳健性,回归结果见表 3-7。从表 3-7 可以看出,薪酬差距对创新投入有显著的正面影响,表明薪酬差距对创新的正效应不受创新测度选取的干扰。

表 3-7 创新的替代性变量——研发支出

变量	$\ln(R\&D)_t$	$\ln(R\&D)_t$
	(1)	(2)
FPG	0.092***	0.022***
	(11.954)	(3.262)
SOE		-0.017
		(-0.309)

续表 3-7

变量	ln(R&D)$_t$ (1)	ln(R&D)$_t$ (2)
Size		0.901***
		(32.224)
Leverage		-0.792***
		(-5.477)
ROA		4.180***
		(8.389)
Tangibility		0.049
		(0.265)
Age		-0.038***
		(-7.802)
Sales Growth		-0.025
		(-0.493)
HHI		-1.212
		(-0.839)
Dual		0.169***
		(3.144)
IndRatio		-0.555
		(-1.312)
MH		0.003**
		(2.325)
TMP		-0.205***
		(-2.835)
Industry Effect	YES	YES
Year Effect	YES	YES
Constant	15.354***	-2.948***
	(65.503)	(-4.581)
观测值	3848	3848

注：本表报告了薪酬差距对企业创新的替代变量——研发支出的影响。因变量 ln(R&D) 表示研发支出的自然对数。(1) 列报告的是只控制行业、年度效应而不加其他控制变量的回归结果，(2) 列报告的是加入所有控制变量后的回归结果。括号内是经过稳健性调整的 t 值；***、**和*分别表示在 1%、5% 和 10% 的水平上显著。

3.4.2 技术密集型行业的效应

从表3-2可以看出,只有不到一半的上市公司在样本期间提交了专利申请。为此,我们对专利的分布情况进行了分行业的统计,结果见表3-8。从该表可以看出,专利申请量在不同的行业间差异很大。因此,我们考察薪酬差距对企业创新的影响是否存在于技术密集型行业。我们将专利申请总量的中位数为1或者平均值大于10的行业定义为技术密集型行业。这类行业可能更倾向于用专利作为保护创新的手段。利用这一类型行业的子样本重新对基准模型做回归,得到的结果与表3-3一致,详见表3-9。

表3-8 专利申请总量的跨行业分布

行业		观测值	平均值	标准差	P10	P25	中位数	P75	P90
A	农、林、牧、渔业	279	2.358	10.302	0	0	0	0	3
B	采矿业	275	20.120	50.728	0	0	0	11	46
C0	食品、饮料业	637	7.662	21.663	0	0	0	5	19
C1	纺织、服装、皮毛业	559	4.692	15.690	0	0	0	1	13
C2	木材、家具	39	13.949	30.918	0	0	0	13	63
C3	造纸、印刷业	235	4.340	18.796	0	0	0	2	9
C4	石油、化学、塑胶、塑料业	1401	4.922	15.351	0	0	0	4	12
C5	电子业	520	22.304	48.287	0	0	3	18	57
C6	金属、非金属业	1092	12.708	36.749	0	0	0	7	27
C7	机械、设备、仪表业	2113	16.646	38.412	0	0	2	13	46
C8	医药、生物制品业	846	6.268	15.219	0	0	1	6	18
C9	其他制造业	111	15.261	37.577	0	0	4	12	22
D	电力、煤气及水的生产和供应业	575	1.186	11.210	0	0	0	0	0
E	建筑业	290	8.752	29.885	0	0	0	2	21
F	交通运输、仓储业	548	1.646	14.301	0	0	0	0	0
G	信息技术业	799	13.775	33.661	0	0	1	10	36
H	批发和零售贸易	937	1.077	9.994	0	0	0	0	0
J	房地产业	779	0.741	7.010	0	0	0	0	0
K	社会服务业	427	1.192	8.158	0	0	0	0	0
L	传播与文化产业	116	0.466	2.189	0	0	0	0	0

续表3-8

行业	观测值	平均值	标准差	P10	P25	中位数	P75	P90
M 综合类	832	0.273	1.556	0	0	0	0	0
总计	13410	8.002	27.154	0	0	0	3	18

注：本表报告了专利申请总量的跨行业分布情况。其中，专利申请总量在B采矿业，C2木材、家具业，C5电子业，C6金属、非金属业，C7机械、设备、仪表业，C8医药、生物制品业，C9其他制造业和G信息技术业的中位数为1或者平均值大于10，这些行业被定义为技术密集型行业。

表3-9 技术密集型行业的效应

变量	$\ln Patent_{t+1}$ (1) Hi-Tech	$\ln Patent1_{t+1}$ (2) Hi-Tech	$\ln Patent23_{t+1}$ (3) Hi-Tech
FPG	0.042***	0.024**	0.046***
	(3.876)	(2.444)	(4.000)
SOE	0.342***	0.239***	0.341***
	(3.651)	(2.651)	(3.385)
Size	0.813***	0.807***	0.696***
	(15.098)	(15.864)	(12.546)
Leverage	-1.237***	-0.784***	-0.864***
	(-4.649)	(-3.049)	(-3.088)
ROA	4.876***	4.475***	4.637***
	(5.717)	(5.337)	(5.116)
Tangibility	0.560*	0.482	0.087
	(1.650)	(1.456)	(0.244)
Age	-0.072***	-0.079***	-0.050***
	(-6.408)	(-7.056)	(-4.269)
Sales Growth	-0.198**	-0.160**	-0.173*
	(-2.173)	(-2.017)	(-1.912)
HHI	1.753	1.705	0.575
	(0.926)	(0.952)	(0.288)
Dual	0.231**	0.256**	0.103
	(2.040)	(2.474)	(0.812)
IndRatio	-0.428	-0.383	-0.100
	(-0.591)	(-0.557)	(-0.131)

续表 3-9

变量	$\ln Patent_{t+1}$ (1) Hi-Tech	$\ln Patent1_{t+1}$ (2) Hi-Tech	$\ln Patent23_{t+1}$ (3) Hi-Tech
MH	0.012**	0.007	0.013**
	(2.352)	(1.563)	(2.409)
TMP	-0.333**	0.033	-0.836***
	(-2.395)	(0.307)	(-4.388)
Industry Effect	YES	YES	YES
Year Effect	YES	YES	YES
Constant	-18.023***	-19.327***	-16.323***
	(-14.808)	(-16.120)	(-12.645)
观测值	3712	3712	3712

注：本表报告了在技术密集型行业中，薪酬差距对创新产出的影响。Hi-Tech 表示技术密集行业。括号内为经过稳健性调整的 t 值；***、**和*分别表示在1%、5%和10%的水平上显著。

3.4.3 《最低工资规定》实施的影响

早在1993年，我国政府就颁布了最低工资政策，但并未普及到各个省份，并且，在2003年之前，最低工资标准的调整处于低频且无规律的状态。2003年12月，劳动和社会保障部通过了《最低工资规定》并于2004年3月开始施行。为了确保这个规定的执行，将违规的惩罚力度提高了4倍。据 Fang 和 Lin (2015) 统计，全国范围内，工资低于各省最低工资标准的工人占比在2004年之后从7.28%下降到5.62%。可见，2004年前后最低工资政策的执行力度有一定的变化。我们把2004年作为一个时间节点，将全样本分为两个子样本，2004年以前的观测值定义为 pre-2004，2004年及以后的定义为 post-2004，并对比两个子样本中各省最低工资水平对企业薪酬差距的影响。结果见表 3-10 的前两列。可以看出，最低工资对薪酬差距的影响在2004年以前确实不显著；而2004年之后，在1%的水平上显著为负，从而在一定程度上体现了2004年以后最低工资政策执行力度的加强。进一步地，我们利用 post-2004 子样本进行了 2SLS 估计，发现结果（见表 3-10 后三列）与全样本的估计一致，同时还与 post-2004 子样本的基准模型回归结果一致（为节省篇幅，该结果未报告）。

表3-10 《最低工资规定》的影响

变量	第一阶段		第二阶段		
	FPG (1) (pre-2004)	FPG (2) (post-2004)	$\ln Patent_{t+1}$ (3) (post-2004)	$\ln Patent1_{t+1}$ (4) (post-2004)	$\ln Patent23_{t+1}$ (5) (post-2004)
Minwage	-0.558	-0.917***			
	(-0.618)	(-5.929)			
FPG			0.474***	0.437***	0.190*
			(2.800)	(2.952)	(1.880)
SOE	-1.022***	-0.916***	0.433***	0.390***	0.166*
	(-4.062)	(-10.419)	(2.815)	(2.901)	(1.817)
Size	0.840***	0.963***	-0.118	-0.176	0.096
	(6.372)	(20.863)	(-0.714)	(-1.213)	(0.963)
Leverage	0.316	0.692***	-0.703***	-0.565***	-0.356***
	(0.500)	(3.304)	(-3.855)	(-3.519)	(-3.330)
ROA	2.258	7.568***	-1.873	-2.319*	-0.123
	(1.206)	(10.192)	(-1.293)	(-1.829)	(-0.143)
Tangibility	0.602	0.386*	-0.229	-0.221	-0.104
	(1.125)	(1.738)	(-1.288)	(-1.426)	(-0.997)
Age	0.015	0.029***	-0.047***	-0.041***	-0.020***
	(0.587)	(2.917)	(-3.814)	(-3.830)	(-2.700)
Sales Growth	0.087	-0.125**	-0.022	-0.003	-0.023
	(0.640)	(-1.980)	(-0.585)	(-0.080)	(-1.083)

续表 3-10

变量	第一阶段			第二阶段	
	FPG (1) (pre-2004)	FPG (2) (post-2004)	ln$Patent_{t+1}$ (3) (post-2004)	ln$Patent1_{t+1}$ (4) (post-2004)	ln$Patent23_{t+1}$ (5) (post-2004)
HHI	-0.573 (-0.134)	-0.065 (-0.036)	1.162 (0.893)	1.504 (1.328)	0.738 (0.916)
Dual	0.634** (2.214)	0.237** (2.221)	0.012 (0.138)	-0.001 (-0.007)	0.029 (0.554)
IndRatio	1.885*** (3.116)	-0.597 (-0.863)	0.820* (1.782)	0.683* (1.716)	0.645** (2.214)
MH	-0.023 (-0.730)	0.001 (0.196)	0.004 (1.248)	0.001 (0.337)	0.004* (1.765)
TMP	3.137*** (5.542)	0.746*** (6.431)	-0.377** (-2.391)	-0.320** (-2.324)	-0.165* (-1.862)
Industry Effect	YES	YES	YES	YES	YES
Year Effect	NO	NO	YES	YES	YES
Constant	-12.496*** (-4.404)	-15.327*** (-15.131)	1.481 (0.499)	2.595 (1.000)	-2.339 (-1.310)
观测值	2244	11166	8720	8720	8720
调整 R^2	0.106	0.106			
F 检验	0.38	35.16***			

注：本表报告了 2004 年《最低工资规定》施行前后，薪酬差距对创新产出影响的 2SLS 估计结果。pre-2004 和 post-2004 分别表示 2004 年之前和之后的子样本。前两列分别报告了这两个子样本第一阶段以省级最低工资（Minwage）作为工具变量的估计结果，后三列是 post-2004 子样本第二阶段的估计结果。括号内是经过稳健性调整的 t 值；***、** 和 * 分别表示在 1%、5% 和 10% 的水平上显著。

3.5 扩展性分析

3.5.1 薪酬差距的分解

在本部分，我们探索企业薪酬差距影响创新产出的潜在机制。为了识别薪酬差距引发的创新激励的来源，我们将管理层薪酬和员工薪酬的创新效应相互分离。Kulik 和 Ambrose（1992）在其研究中指出，薪酬的比较可能存在于同一企业的管理层和普通员工之间，也可能存在于同行业不同企业的管理层之间以及员工之间，因此，我们将薪酬差距按照如下等式进行分解：

$$FPG = \frac{MPP}{EPP} \times IPG = \frac{MPP}{EPP} \times IPG \tag{3-4}$$

式中，MPP 表示管理层薪酬溢价，是管理层平均薪酬（AMP）与其行业-年度中位数的比值，反映了薪酬在同行业不同企业的管理层之间的比较；EPP 表示员工薪酬溢价，是员工平均薪酬（AEP）与其行业-年度中位数的比值，反映了薪酬在同行业不同企业的员工之间的比较；而 IPG 表示行业薪酬差距，是管理层平均薪酬的行业-年度中位数与对应的员工平均薪酬的行业-年度中位数的比值。具体而言，这三个分解项的定义如下：

$$MPP = \frac{AMP}{Industry - year\ median\ of\ AMP} \tag{3-5}$$

$$EPP = \frac{AEP}{Industry - year\ median\ of\ AEP} \tag{3-6}$$

$$IPG = \frac{Industry - year\ median\ of\ AMP}{Industry - year\ median\ of\ AEP} \tag{3-7}$$

因此，我们的基准模型可以扩展为：

$$Innovation_{i,t+1} = \alpha + \beta_1 MPP_{i,t} + \beta_2 EPP_{i,t} + \beta_3 IPG_{i,t} + \gamma Controls_{i,t} + \sum Year + \sum Industry + \varepsilon_{i,t} \tag{3-8}$$

表 3-11 报告了模型（3-8）的回归结果。从中我们可以看到，MPP 的系数均在 1% 的水平上显著为正，说明管理层激励对创新有正面影响，这与 Lin 等（2011）的发现一致，表明管理层激励能有效地缓解代理冲突，促使管理者更多地着眼于企业的长期利益。而 EPP 的系数均为负，并且只在（1）列和（3）列中显著，说明员工薪酬溢价降低创新数量，但并不影响创新质量。两个变量的系数对比表明，管理层薪酬溢价是薪酬差距促进企业创新的主要驱动因素。

正如 Bradley 等（2016）所指出的，员工对高工资的要求会导致研发投资不足。因此，过高的员工薪酬溢价对企业来说可能是一种资源浪费，会挤占研发的资本投入，对企业创新不利。此外，员工薪酬溢价对创新质量影响不显著的结果与发明创新最具原创性的事实一致，这类创新活动要求员工具备更高的人力资本，需要给他们提供更高的工资，导致员工薪酬溢价并未对创新质量有显著的抑制效应。在某种程度上，创新活动的技术含量越高，越受制于管理层制定的研发决策，这进一步强化了管理层激励的效应；相反，在低技术含量的创新活动中，低技能劳动力占比可能相对较高，员工薪酬溢价的负面效应更加凸显。如果这个观点成立，那么员工薪酬溢价对创新的抑制作用可能会随着员工人力资本的上升而降低。因此，我们将全样本按照人力资本的行业－年度排序分组对这个猜想进行检验。

表 3-11 企业薪酬差距的分解效应

变量	$\ln Patent_{t+1}$	$\ln Patent1_{t+1}$	$\ln Patent23_{t+1}$
	(1)	(2)	(3)
MPP	0.314***	0.303***	0.245***
	(8.450)	(8.808)	(5.920)
EPP	-0.033**	-0.011	-0.036**
	(-2.445)	(-0.920)	(-2.320)
IPG	0.089	0.141**	0.032
	(1.254)	(2.077)	(0.406)
SOE	0.124*	0.136**	0.007
	(1.717)	(1.991)	(0.091)
Size	0.654***	0.581***	0.665***
	(16.311)	(15.226)	(15.189)
Leverage	-1.054***	-0.824***	-0.819***
	(-5.416)	(-4.423)	(-3.822)
ROA	3.534***	3.180***	3.377***
	(5.464)	(5.245)	(4.667)
Tangibility	0.234	0.282	0.089
	(1.132)	(1.430)	(0.389)

续表 3-11

变量	$\ln Patent_{t+1}$ (1)	$\ln Patent1_{t+1}$ (2)	$\ln Patent23_{t+1}$ (3)
Age	-0.052***	-0.060***	-0.030***
	(-5.989)	(-7.324)	(-3.242)
Sales Growth	-0.188***	-0.152***	-0.149**
	(-2.976)	(-2.608)	(-2.270)
HHI	0.996	1.309	0.266
	(0.693)	(0.945)	(0.174)
Dual	0.232***	0.316***	0.114
	(2.709)	(3.984)	(1.158)
IndRatio	0.986*	0.881*	1.058*
	(1.836)	(1.710)	(1.808)
MH	0.015***	0.009**	0.014***
	(3.940)	(2.495)	(3.306)
TMP	-0.768***	-0.544***	-0.994***
	(-5.772)	(-4.311)	(-5.975)
Industry Effect	YES	YES	YES
Year Effect	YES	YES	YES
Constant	-16.947***	-16.143***	-17.864***
	(-18.395)	(-18.105)	(-17.186)
观测值	10790	10790	10790

注：本表报告了企业薪酬差距分解的结果。其中，MPP 表示管理层薪酬溢价，是管理层平均薪酬与其行业-年度中位数的比值；EPP 表示员工薪酬溢价，是员工平均薪酬与其行业-年度中位数的比值；IPG 表示行业薪酬差距，是管理层平均薪酬的行业-年度中位数与对应的员工平均薪酬的行业-年度中位数的比值。括号内是经过稳健性调整的 t 值；***、** 和 * 分别表示在 1%、5% 和 10% 的水平上显著。

3.5.2 人力资本的调节效应

在上一小节，我们发现管理层薪酬溢价同时促进创新数量和创新质量，而员工薪酬溢价只对创新数量有显著的抑制效应。因此，有必要深入探讨为何员工薪酬溢价在创新数量和创新质量的产出中发挥不同的作用。我们猜想，给低技能员工提供过高的薪酬是一种资源误置，会挤占研发支出，降低创新产出；进而，人力资本可能会弱化员工薪酬溢价对创新的负面影响。因此，在本小节，我们试图通过对比员工薪酬溢价在不同人力资本水平状况下的创新效果来检验上述猜想。

  为了进行这个实证检验，我们将全样本按照企业人力资本由小到大的行业－年度排序平均分成3组。具体而言，我们用各企业具有研究生学历的员工比例来衡量人力资本①。$HC=1$代表人力资本处于前三分之一的观测值，简称"低人力资本组"；$HC=3$代表人力资本处于后三分之一的观测值，简称"高人力资本组"。我们分别对这两组子样本进行模型（3-8）的回归。

  回归结果如表3-12所示。从$HC=1$和$HC=3$的3组对比可以发现，当人力资本水平较低时，员工薪酬溢价显著抑制创新②。这与上述猜想一致，表明给低技能的员工提供过高的薪酬是一种资源误置，对企业创新不利，员工薪酬溢价对企业创新的抑制作用主要由低人力资本员工对创新的负面效果所驱动。正如Banker等（2016）所指出的，效率工资理论在中国企业可能不适用，为低技能劳动力支付高于行业平均水平的工资会降低企业绩效和企业价值。我们这部分的结论从企业创新的角度为此观点提供了证据支持。

---

  ① 需要说明的是，这里的员工包含高管。由于年报中公布的员工学历信息涵盖企业聘用的所有员工，我们无法将普通员工的学历信息单独提取出来。从直觉上来说，与普通员工学历相比，高管学历通常较高且在同一行业－年度范围内的方差较小，因此，全体员工人力资本的行业－年度排序在很大程度上与普通员工人力资本的行业－年度排序一致。

  ② 我们还构造了是否属于低人力资本组的哑变量，将其与 *MPP*、*EPP* 和 *IPG* 三个变量交互，结果 *EPP* 与该哑变量的交互项显著为负，而其他两个交互项不显著，表明员工薪酬溢价对企业创新的负效应在人力资本低的企业更加显著，与表3-12报告的分组回归结果一致。

表3-12 人力资本的调节效应

变量	$\ln Patent_{t+1}$		$\ln Patent1_{t+1}$		$\ln Patent23_{t+1}$	
	(1)	(2)	(3)	(4)	(5)	(6)
	$HC=1$	$HC=3$	$HC=1$	$HC=3$	$HC=1$	$HC=3$
MPP	0.250***	0.399***	0.241***	0.309***	0.175**	0.384***
	(3.400)	(6.785)	(3.668)	(5.588)	(2.199)	(5.905)
EPP	-0.104***	-0.025	-0.073***	-0.015	-0.102***	-0.018
	(-3.777)	(-1.364)	(-2.825)	(-0.930)	(-3.413)	(-0.884)
IPG	0.006	0.083	0.140	0.138	-0.139	0.037
	(0.049)	(0.698)	(1.259)	(1.173)	(-1.042)	(0.276)
SOE	0.115	0.108	0.131	0.239**	0.019	-0.138
	(0.941)	(0.883)	(1.165)	(2.034)	(0.147)	(-1.014)
Size	0.798***	0.467***	0.628***	0.472***	0.830***	0.453***
	(11.058)	(7.313)	(9.234)	(7.940)	(10.596)	(6.524)
Leverage	-1.752***	-0.788**	-1.327***	-0.776**	-1.484***	-0.503
	(-5.068)	(-2.399)	(-4.188)	(-2.481)	(-3.884)	(-1.369)
ROA	2.342**	4.256***	1.920*	4.663***	3.132**	3.227***
	(2.068)	(4.064)	(1.896)	(4.655)	(2.464)	(2.676)
Tangibility	0.126	1.030***	0.211	0.721**	0.258	0.662*
	(0.337)	(2.948)	(0.637)	(2.059)	(0.628)	(1.717)
Age	-0.072***	-0.048***	-0.068***	-0.058***	-0.062***	-0.032**
	(-4.769)	(-3.410)	(-4.901)	(-4.438)	(-3.802)	(-2.050)
Sales Growth	-0.063	-0.422***	-0.102	-0.334***	-0.053	-0.374***
	(-0.578)	(-4.267)	(-1.097)	(-3.781)	(-0.476)	(-3.548)

续表3-12

变量	$\ln Patent_{i,t+1}$		$\ln Patent1_{i,t+1}$		$\ln Patent23_{i,t+1}$	
	(1)	(2)	(3)	(4)	(5)	(6)
	$HC=1$	$HC=3$	$HC=1$	$HC=3$	$HC=1$	$HC=3$
HHI	1.745	-0.574	3.955*	-1.204	0.563	0.153
	(0.708)	(-0.229)	(1.728)	(-0.492)	(0.216)	(0.057)
Dual	-0.057	0.424***	0.082	0.470***	-0.104	0.180
	(-0.379)	(2.932)	(0.608)	(3.544)	(-0.625)	(0.984)
IndRatio	1.720*	1.796*	2.068**	1.302	1.576	2.040*
	(1.877)	(1.884)	(2.493)	(1.452)	(1.581)	(1.911)
MH	0.015**	0.021***	0.006	0.016***	0.012	0.021***
	(2.060)	(3.170)	(0.980)	(2.651)	(1.623)	(2.881)
TMP	-0.755***	-1.022***	-0.857***	-0.765***	-0.675**	-1.386***
	(-2.935)	(-4.875)	(-3.528)	(-3.738)	(-2.334)	(-5.532)
Industry Effect	YES	YES	YES	YES	YES	YES
Year Effect	YES	YES	YES	YES	YES	YES
Constant	-19.026***	-14.287***	-16.267***	-14.839***	-20.156***	-14.903***
	(-11.339)	(-10.041)	(-10.354)	(-10.540)	(-10.750)	(-9.119)
观测值	3607	3542	3607	3542	3607	3542

注：本表报告了人力资本的调节效应。其中，$HC=1$ 和 $HC=3$ 分别表示低/高人力资本子样本；MPP 表示管理层平均薪酬与其行业-年度中位数的比值；EPP 表示员工薪酬溢价，是员工平均薪酬与其行业-年度中位数对应的员工平均薪酬的比值。括号内是经过稳健性调整的 t 值；***、** 和 * 分别表示在1%、5%和10%的水平上显著。

3.5.3 产权性质的调节效应

目前为止，我们已经发现员工薪酬溢价会抑制企业创新，可能原因是过高的员工薪酬溢价会挤占创新的投入，造成物质资源的浪费。就中国资本市场的现状而言，国有企业在信贷市场和股权市场都享有优先权，非国有企业面临更高的融资约束（Wong，2014）。因此，资金配置在非国有企业更加重要，对于创新这项需要长期投资的企业活动，员工薪酬溢价的负面效果在非国有企业可能更加显著。

为了检验上述观点，我们将全样本按照实际控制人的性质进行分组，实际控制人为中央或地方政府的样本划入国有企业组（SOE），否则为非国有企业组（$Non-SOE$），再分别对两组子样本进行模型（3-8）的回归。

回归结果如表 3-13 所示。与我们的预期一致，EPP 的系数只在非国有企业组显著为负，表明员工薪酬溢价挤占了资金并对非国有企业的创新产出造成实质性的负面影响；相反，国有企业由于资金相对更加充足，员工薪酬溢价对其创新产出的影响并不显著。同时，无论是对创新数量还是创新质量，无论在国有企业还是非国有企业，管理层薪酬溢价都有显著的正向效果，进一步说明了管理层薪酬激励在缓解代理冲突、避免管理短视、促进企业创新方面的有效性和普遍性①。

---

① 我们还将 SOE 与 MPP、EPP 和 IPG 三个变量交互，结果 EPP 与 SOE 的交互项显著为正，而其他两个交互项不显著，表明员工薪酬溢价对企业创新的负效应在非国有企业更加明显，与表 3-13 报告的分组回归结果一致。

表3-13 产权性质的调节效应

变量	$\ln Patent_{t+1}$			$\ln Patent1_{t+1}$			$\ln Patent23_{t+1}$	
	(1)	(2)	(3)	(4)	(5)	(6)		
	SOE	Non-SOE	SOE	Non-SOE	SOE	Non-SOE		
MPP	0.297***	0.296***	0.278***	0.292***	0.242***	0.202***		
	(6.812)	(16.875)	(6.824)	(18.720)	(4.977)	(10.359)		
EPP	-0.022	-0.047***	0.004	-0.035***	-0.026	-0.044***		
	(-1.349)	(-9.715)	(0.272)	(-7.703)	(-1.315)	(-8.141)		
IPG	0.053	0.229***	0.123	0.215***	-0.023	0.205***		
	(0.630)	(21.969)	(1.445)	(22.735)	(-0.241)	(17.746)		
Size	0.657***	0.721***	0.594***	0.640***	0.675***	0.710***		
	(13.867)	(358.986)	(13.289)	(350.573)	(13.217)	(320.632)		
Leverage	-1.223***	-0.920***	-1.092***	-0.460***	-0.855***	-0.862***		
	(-5.286)	(-12.620)	(-4.831)	(-6.872)	(-3.357)	(-10.793)		
ROA	2.691***	5.354***	2.163***	5.611***	2.967***	4.461***		
	(3.513)	(19.101)	(3.002)	(20.742)	(3.455)	(13.998)		
Tangibility	0.054	0.981***	0.085	1.035***	-0.027	0.769***		
	(0.224)	(9.982)	(0.364)	(11.608)	(-0.101)	(7.094)		
Age	-0.028***	-0.094***	-0.039***	-0.102***	-0.009	-0.066***		
	(-2.701)	(-32.859)	(-3.742)	(-38.483)	(-0.805)	(-21.057)		
Sales Growth	-0.117	-0.302***	-0.101	-0.235***	-0.096	-0.220***		
	(-1.492)	(-16.207)	(-1.415)	(-12.831)	(-1.161)	(-10.867)		

续表3-13

变量	$\ln Patent_{t+1}$				$\ln Patent1_{t+1}$				$\ln Patent23_{t+1}$	
	(1)	(2)		(3)	(4)		(5)	(6)		
	SOE	Non-SOE		SOE	Non-SOE		SOE	Non-SOE		
HHI	2.346	1.304***		3.420*	-1.822***		1.949	1.675***		
	(1.310)	(3.777)		(1.927)	(-5.789)		(1.031)	(4.419)		
Dual	0.296***	0.135***		0.382***	0.224***		0.104	0.066**		
	(2.673)	(4.692)		(3.571)	(8.480)		(0.798)	(2.069)		
IndRatio	1.052*	1.004***		0.803	1.191***		1.220*	0.948***		
	(1.696)	(8.659)		(1.350)	(11.317)		(1.774)	(7.392)		
MH	0.018	0.018***		0.016	0.012***		0.002	0.015***		
	(1.030)	(21.234)		(0.840)	(15.675)		(0.103)	(16.051)		
TMP	-0.567***	-0.871***		-0.279*	-0.634***		-0.757***	-1.109***		
	(-3.104)	(-19.309)		(-1.735)	(-14.661)		(-3.612)	(-19.624)		
Industry Effect	YES	YES		YES	YES		YES	YES		
Year Effect	YES	YES		YES	YES		YES	YES		
Constant	-17.326***	-28.940***		-17.041***	-25.161***		-18.414***	-29.323***		
	(-16.080)	(-673.523)		(-16.492)	(-642.116)		(-15.350)	(-616.985)		
观测值	7468	3322		7468	3322		7468	3322		

注：本表报告了企业产权性质的调节效应。其中，SOE 和 Non-SOE 分别表示国有企业和非国有企业子样本。MPP 表示管理层薪酬溢价，是管理层平均薪酬与其行业-年度中位数的比值；EPP 表示员工薪酬溢价，是员工平均薪酬与其行业-年度中位数的比值；IPG 表示行业平均薪酬的行业-年度中位数与对应的员工平均薪酬的比值。括号内是经过稳健性调整的 t 值；***、** 和 * 分别表示在1%、5%和10%的水平上显著。

3.6　本章小结

本章考察了企业内部薪酬差距对企业创新的影响。我们发现，薪酬差距能提高创新产出，包括创新质量和创新数量，说明锦标赛理论在创新活动中占主导地位。非线性模型的检验和工具变量的识别进一步证实了薪酬差距对企业创新的积极作用。此外，企业薪酬差距的分解表明，管理层薪酬溢价是企业薪酬差距推动企业创新的主导因素，能缓解代理冲突、提高创新质量和创新数量，而员工薪酬溢价却会导致创新数量降低，并且这种负面影响在企业人力资本较低或者企业为非国有产权属性时更加显著。这说明创新活动需要管理层制定合适的研发决策，投入足够的研发资金，并与底层员工积极合作。

本章的结论为监管者和企业提供了明晰的建议。制定合理的薪酬方案使得企业薪酬差距维持在相对较高的水平，能够促进企业创新。对于人力资本较低的企业或者非国有企业而言，设定高于行业中位数水平的员工工资对企业创新活动是不利的。

第4章
组织资本与企业创新的实证研究

4.1 引言

在创新的影响因素中,无形资产越来越受到关注。其中,人力资本对创新的正面影响已经在大量研究中得到了证实,无论是国家层面(Dakhli and De Clercq, 2004)、区域层面(钱晓烨等, 2010),还是企业层面(刘剑雄, 2008),但关于组织资本与创新的研究仍然较少。组织资本是能在生产和交付所需产品时将员工技能和物质资本结合起来的知识(Evenson and Westphal, 1995),包括企业的组织结构、制度规范、组织文化等(Stewart, 1997),是企业无形资产的重要组成成分之一。组织资本与企业的经营流程、投资与创新能力紧密相关,使得企业表现出超常的经营、投资和创新业绩(Lev et al., 2009)。据Atkeson和Kehoe(2005)估计,组织资本给制造厂商带来的报酬大于实物资产报酬的三分之一。组织资本的各构成要素——组织结构、制度规范、组织文化等,都能够对企业创新产生影响(Damanpour, 1991; Lemon and Sahota, 2004)。而在企业创新过程中,组织资本的效率,即组织资本的利用程度在不同企业间有何不同,仍待检验。

Eisfeldt和Papanikolaou(2013)认为,组织资本体现在公司核心人才(高管和技术人才)身上,其效率因公司而异。核心人才的外部选择权的存在,对组织资本效率的提高有积极作用。核心人才的流失会带来组织资本的损失,这种损失不仅包括核心人才离职直接导致的公司价值的下降,还包括掌握企业内部运作的核心人才加入其他企业或创建新公司导致产品市场竞争加剧。在中国,一个典型的案例是:1999年,中国奶业巨头伊利集团的副董事长兼副总经理牛根生离职后,带领追随其而去的生产、销售、技术人员另起炉灶,经过不到九年的时间,其创办的蒙牛集团已经能够与伊利比肩。

此外,不同的产权性质(周黎安、罗凯,2005;李春涛、宋敏,2010)、行业竞争程度和企业薪酬差距等给企业员工提供了不同的激励或是使管理层受到不同程度的约束等,这些因素可能会影响组织成员在创新活动中对组织资本的利用效率。因此,组织资本的创新效果可能会受到企业产权、行业竞争以及企业内部薪酬差距等因素的影响,本章将对此进行考察。

在创新产出的基础上,我们还引入了创造性破坏。创造性破坏与创新有着本质的联系,但是,创造性破坏在强调创新之外,还强调创新对原有产品、技术和市场有破坏效应(钟春平、徐长生,2006)。因此,本章试图考察组织资本对创造性破坏的影响。

4.2 理论依据与研究假设

4.2.1 组织资本与创新

组织资本的各方面与企业创新关系都密切。Damanpour(1991)基于理论推导和经验,考察了组织结构、资源、流程以及文化等组织属性对组织创新的影响。组织结构,包括企业的流程运转、部门设置及职能规划等最基本的结构依据,会影响组织成员的沟通、创新思想的流动等。组织的专门化水平高,即专家的多样化程度高,能够给企业提供更全面的知识,带来思想的碰撞(Damanpour,1991);职能分化,不同部门的专业人士组成的联盟会引起技术系统和管理系统的双重变革(Damanpour,1991)。制度规范是组织活动中约束全体组织成员行为,规定工作程序的各种规章、标准、办法等的总称。制度环境对创新的支持与创新活动的开展紧密相关。较少重视工作准则、灵活开放的低正规化制度能促进创新(Damanpour,1991)。组织文化(或称企业文化)是企业在生产和经营实践中,创造或逐步形成的价值观念、思维方式、行为准则、组织归属感和认同感等的总和。组织文化被认为是影响创新的一个主要的决定性因素,创新与组织文化密不可分,因为组织文化能够促进或约束企业的增值能力(Lemon and Sahota,2004),影响组织内资源的分享机制。

整体上,Subramaniam 和 Youndt(2005)对美国企业进行研究,发现组织资本对渐进式创新能力,即对现有产品和服务进行完善的创新能力有正向的影响,而对突变式创新能力,即对现有产品和服务进行重大变革的创新能力无显著影响。Chen 等（2006）对台湾制造业企业进行研究，发现组织资本能够提升新产品的研发绩效。由于管理层是创造和维护组织资本的主体，组织资本能够反映企业的管理质量（Lev et al.，2009），而管理质量的提升能够提高企业创新的可能性（Martinez-Ros，1999），因此，我们认为，组织资本会对企业技术创新产生正的影响，并提出假说1——

H1：组织资本能够推动企业创新。

4.2.2 调节效应：产权、行业竞争与薪酬差距

4.2.2.1 产权结构

Belloc（2012）认为，产权结构的分布会影响决策者配置资源的能力以及激励决策者投资创新活动。在我国，国有企业的经理大多是由政府任命，相对于企业的长期竞争力和利润最大化，他们更关注自身的政治目标和经济利益，偏向于谨慎地提高企业竞争力而不太热衷于高风险、投资期限长的创新活动。另外，国有企业承担政府解决就业的社会性任务，导致人员冗余；同时，在政府背景下，国有企业难以形成积极进取的创新氛围，员工在此环境中容易出现散漫消极的情绪，对企业创新不利。由于组织资本是企业的无形资产，企业员工对创新活动的态度将影响组织资本在创新活动中的利用效率，因此，国有企业的组织资本在企业创新中的利用效率将比民营企业低。

在实证研究中，关于产权结构对企业创新的影响，结论不一致。冯根福和温军（2008）发现国有持股比例与企业技术创新之间存在负相关关系，周黎安和罗凯（2005）发现非国有企业在创新方面更具有优势。然而，李春涛和宋敏（2010）发现国有企业在创新投入和产出方面都高于民营企业；同时，国有产权性质会降低CEO的薪酬激励对创新的促进作用。国有企业虽有较高的研发投资密度，但创新效率不如民营企业（聂辉华等，2008）。

为此，我们将在实证研究中控制产权性质，并主要考察产权性质在组织资本与企业创新关系中发挥的边际效应，由此我们提出假说2——

H2：国有产权性质会降低组织资本对企业创新的促进作用。

4.2.2.2 行业竞争

关于行业竞争对企业创新的直接影响，学者们意见不一，主要意见有以下三种：一是竞争与创新之间存在正相关关系。Arrow（1962）认为竞争性市场更能激励创新，Nickell（1996）发现市场竞争的提高与全要素生产率的增长正相

关。二是竞争与创新之间存在负相关关系。Schumpeter（1942）指出，研发活动需要持续的利润支持，因而创新能力与企业的垄断地位正相关；Grossman 和 Helpman（1991）提出当竞争增加了模仿的便利性时就会对研发活动以及企业的增长起到破坏性的作用。三是竞争与创新之间存在倒 U 形关系。因为竞争既会增加创新带来的额外利润，又会减小落后者的创新激励（Aghion et al.，2005）；聂辉华等（2008）发现我国工业企业的创新与市场竞争也呈倒 U 形关系。因此，行业竞争对创新产出的影响仍不明确。

Eisfeldt 和 Papanikolaou（2013）在其构建的关于组织资本的模型中假设：面对（较高的）前沿组织资本效率冲击，企业核心人员（高管）可以选择重组企业来提高原有企业的组织资本技术水平，也可以带着部分的组织资本离开而组建新企业（我们将这两种情况称为组织资本的转移），其中前沿组织资本技术水平（或前沿组织资本效率）是新企业的组织资本生产率。这个模型表明，企业核心人员通过创造和破坏的过程，采用新的技术使得低效率的组织技术提升到前沿组织效率水平。但是，该模型是以外部选择权的存在为前提的，没有考虑模仿或复制前沿组织资本效率的可行性。当行业处于垄断状态时，行业进入壁垒高使得这种外部选择权消失，组织资本的转移就变得极为困难；然而，在竞争行业，由于较低的准入条件，组织资本的转移将相对容易。竞争行业的低进入壁垒给新进入者提供了机会，相应地也促使核心人员（高管）积极地提高组织资本的效率，通过创新来获取额外利润和市场份额，所以，竞争行业的组织资本效率不断提升，最终将高于垄断行业。因此，我们认为竞争可以加强组织资本在创新中发挥的作用，并提出假说 3——

H3：行业竞争越激烈，组织资本对企业创新的推动作用越大。

4.2.2.3　企业内部薪酬差距

创新源自集中、累积学习的过程，只有当雇用者承诺不向员工榨取租金的情况下，员工才被激励并尽力参与到这个过程中。根据组织控制理论，创新的条件之一是企业参与组织活动以提供激励使得员工在集中学习过程中运用他们的技能并付出努力（Belloc，2012）。因此，员工激励会影响员工培训（集中学习）的创新效果。结合 Black 和 Lynch（2005）对组织资本的划分，员工培训是组织资本的构成之一，我们认为员工激励会影响组织资本的创新效果。

员工激励通过现有理论与内部薪酬差距相联系。一方面，锦标赛理论认为，薪酬等级制度能够激励员工，高层员工的薪酬对低层员工有间接的激励效果（Rajgopal and Srinivasan，2006）。与绩效工资机制相比，薪酬差距（锦标赛奖励）能在更大范围内给更多层级的员工带来激励（Connelly et al., 2014）。该理论意味着较大的企业内部薪酬差距能够激发员工努力工作以晋升到更高等级获得竞赛奖励，从而有利于组织资本创新效果的发挥。另一方面，公平理论指出，员工个人通过将自己的投入（努力程度、技术）和产出（报酬）与参照群体进行对比来判断社会交换关系（即雇佣关系）的公平与否，如果对比发现存在差异，员工将改变其对自己的或参照群体的投入和产出的认知，或者改变自身实际的投入或产出，或是直接离职以结束不公平的雇佣关系（Cowherd and Levine, 1992）。类似地，相对剥削理论认为，普通员工会将个人薪酬与高层人员薪酬作对比，如果他们发现自己没有得到应得的数额，即薪酬差距过大，他们就会有被剥削的感觉，从而产生怠工、罢工等消极行为（Martin, 1981；Crosby, 1984）；Cowherd 和 Levine（1992）将公平理论和相对剥削理论结合起来，提出了内部薪酬差距通过员工对管理层目标的认可和配合、努力程度以及合作态度 3 个中介变量影响产品质量的理论模型，并对企业内部薪酬差距与产品质量进行了实证检验，发现公平的薪酬与产品质量呈正相关关系。此外，Festinger（1954）提出了社会比较理论，他认为，在缺乏客观的、非社会的评价方法时，人们通过与其他人的比较来评价自己。黎文靖和胡玉明（2012）从社会比较理论的角度出发，指出内部薪酬差距过大会导致员工的薪酬满意度下降，挫伤其劳动积极性，企业凝聚力也随之下降，并发现内部薪酬差距较小时更多地激励了员工。总之，比较理论（包括公平理论、相对剥削理论和社会比较理论）认为薪酬差距过大会使得雇员消极怠工，因而不利于组织资本发挥创新效果。为此，我们提出两个竞争性的假说——

H4a：在企业创新活动中，内部薪酬差距扩大会提高组织资本的效率；

H4b：在企业创新活动中，内部薪酬差距扩大会降低组织资本的效率。

4.3 数据来源及研究设计

4.3.1 样本选取

本章的研究样本是 2000—2012 年中国上海证券交易所和深圳证券交易所上市的所有公司。企业专利信息主要来自 He 等（2013）、Tong 等（2014）研究整理的专利数据库。该数据库将国家知识产权局（SIPO）公布的原始专利数据与上市公司相关信息进行匹配，为使上市公司专利数据更加全面和准确，该数据库在匹配过程中还考虑了企业的更名历史。该数据库包含上市公司从 IPO 年份（最早是 1990 年）开始到 2010 年期间，上市公司自身及其子公司、孙公司、合营企业和联营企业的三类专利的申请数量，截至 2012 年 1 月的专利授予数量（只针对发明专利）和到期数量等数据，不仅解决了专利数据与公司数据无法关联的问题，而且比直接对照上市公司下载的专利数据更加全面和准确。参照 He 等（2013）所描述的数据匹配方法，我们对 2011—2012 年各类专利申请数量的数据进行了补充。其他数据来源于国泰安 CSMAR 中国上市公司财务数据库以及治理结构数据库，研究样本为 2003—2012 年上海证券交易所和深圳证券交易所上市的所有公司。在对金融股以及相关数据缺失的观测值进行剔除后，最终得到的研究样本观测值为 10443 个。为了消除异常值对研究结论的影响，本章各连续变量均在 1% 和 99% 上进行 winsorize 处理。

4.3.2 变量定义

本章具体变量构造过程包括企业创新、组织资本、控制变量和其他控制变量。

4.3.2.1 企业创新

关于企业创新，最常用的测度是研发支出和专利活动。随着专利数据的可获得性，专利测度广泛应用于近年来关于创新的实证研究（Acharya and Subramanian, 2009；Lerner et al., 2011；Aghion et al., 2013；He and Tian, 2013；Chemmanur et al., 2014；Tian and Wang, 2014；Bernstein, 2015；Boasson, 2015；Chang et al., 2015a；Tan et al., 2015；Bradley et al., 2016；Jia et al., 2017；袁建国等，2015；黎文靖、郑曼妮，2016）。一方面，我国上市公司的 R&D（研发）投入的信息披露水平很低，直到 2006 年才开始在年报中披露研发支出。即便是在 2009—2012 年期间，也有超过 30% 的上市公司没有报告这一指标。然而，这一会计项目的缺失并不意味着创新活动的匮乏，单纯地将它的数值设为零，将导致研究结果出现明显偏差（Koh and Reeb, 2015；Jia et al., 2017）。另一方面，专利活动反映的是创新产出，体现了资源的成功整合与团队的融洽合作，而研发支出仅指研发投入，可能存在浪费或者利用率不高的情况（Lerner et al., 2011；Jia et al., 2017）。因此，专利是更优的创新测度。由于专利申请年份代表了真实的创新时间（Griliches et al., 1987；Tan et al., 2015），我们最终选取企业的专利申请量衡量企业创新（参照 Crepon and Duguet, 1997；Bottazzi adn Peri, 2003；Brunnermeier and Cohen, 2003；Cheung and Lin，2004；张瑜、张诚，2011；温军、冯根福，2012；袁建国等，2015；黎文靖、郑曼妮，2016）。此外，更具影响力、更高质量的专利被引用频率更高，专利引用次数可作为专利质量的测度，然而，中国的国家专利数据库并未提供专利引用的信息，只能通过专利的独创性来衡量专利质量（Tan et al.，2015）。根据国家知识产权局的说明，我国的专利包括发明专利、实用新型专利和外观设计专利三个种类，其中发明专利技术含量最高，发明人所花费的创造性劳动最多，可在一定程度上反映专利质量。为保证结论的有效性，本章同时采用三类专利申请总量（简称为"专利申请总量"，记为 $Patent$）和发明专利申请量（记为 $Patent1$）作为企业创新的测度，分别衡量创新总量和创新质量。而另外两类专利申请量之和（简称为"非发明专利申请量"，记为 $Patent23$）用作对比，衡量创新数量。

由于专利申请量的数据存在右偏问题，我们将这3个变量进行对数化处理。为了避免实际专利申请量为零的观测值被删除，我们在对数化之前先将这3个变量的值各自加1，最终得到3个对数处理后的变量 $\ln Patent$、$\ln Patent1$ 和 $\ln Patent23$，分别表示创新总量、创新质量以及创新数量。

4.3.2.2 组织资本

尽管组织资本不能通过会计报表反映，但组织资本的投入，如信息技术支出、员工培训费用、战略咨询费用、品牌提升活动的支出以及建立与维护互联网供给和营销渠道的费用等，都包含在销售费用和管理费用当中（Lev 和 Radhakrishnan，2005）。因此，即使无法直接测度，仍可以利用销售及管理费用估计组织资本。依照 Lev 等（2009）的做法，把企业产出视为物质资本和劳动的函数，构造如下模型：

$$SALE_{i,t} = a_{0i,t} PPE_{i,t}^{b_{1i,t}} EMP_{i,t}^{b_{2i,t}} e_{i,t} \qquad (4-1)$$

模型中，$SALE_{i,t}$ 是 i 公司在 t 年的营业总收入；$PPE_{i,t}$ 是固定资产；$EMP_{i,t}$ 是员工数量；$e_{i,t}$ 是误差项；$a_{0i,t}$ 是全要素生产率，在此特指组织资本对收入的贡献。

由于与企业构建组织资本相关的员工培训、研究与开发、咨询、品牌提升（如广告宣传）等活动的费用均列入会计科目的管理费用或销售费用，因此，利用销售及管理费用 $SA_{i,t}$ 作为 $a_{0i,t}$ 的工具变量，其函数关系式为：

$$\ln(a_{0i,t}) = b_{0t} + b_{0st} \ln(SA_{i,t}) \qquad (4-2)$$

该式表明，组织资本对收入的贡献包含两个部分：① b_{0t}，对所有企业都适用的一般贡献，如现行的法律和制度环境等；② $b_{0st} \ln(SA_{i,t})$，各个企业组织资本对本企业特定的贡献，如业务流程和市场渠道等。

将模型（4-1）改写为变化率的形式并取自然对数，再将方程式（4-2）代入，可以得到：

$$\ln(SALE_{i,t}/SALE_{i,t-1}) = b_{0t} + b_{0st}\ln(SA_{i,t}/SA_{i,t-1}) + b_{1t}\ln(PPE_{i,t}/PPE_{i,t-1}) + b_{2t}\ln(EMP_{i,t}/EMP_{i,t-1}) + \ln(e_{i,t}/e_{i,t-1}) \quad (4-3)$$

通过方程式（4-3），得到各行业每年的系数估计值，这些估计值表示组织资本对收入增长的行业的平均贡献。最后，公司 i 在 t 年的组织资本对收入的贡献 $AbSALE_{i,t}$ 可以由实际收入减去不包含企业特定的组织资本的公司收入的预测值得到，即：

$$AbSALE_{i,t} = SALE_{i,t} - SALE_{i,t-1} * \text{Exp}\{\hat{b}_{0t} + \hat{b}_{1t}\ln(PPE_{i,t}/PPE_{i,t-1}) + \hat{b}_{2t}\ln(EMP_{i,t}/EMP_{i,t-1})\} \quad (4-4)$$

利用同样的方法，可以算出组织资本对节约营业总成本的贡献，$AbSALE_{i,t}$ 由不包含企业特定的组织资本的营业成本的预测值减去公司实际营业成本得到。

因此，组织资本对利润的贡献为：$AbProfit_{i,t} = AbSALE_{i,t} + AbCOST_{i,t}$，用资本化的组织资本的贡献 $AbProfit_{i,t}$ 除以公司的总资产，得到标准化的公司组织资本的贡献。此外，销售及管理费用在不同行业的会计核算不一致（Eisfeldt and Papanikolaou, 2013），为消除行业会计核算差异和物价变动对结果造成的影响，将标准化的组织资本贡献分别按照每年每行业从小到大排序，再将得到的序数除以对应的行业—年度样本总数，得到一个取值在 0 到 1 之间的变量 OC，由其作为组织资本的代理变量。

4.3.2.3 控制变量

公司治理涉及企业各项资源的配置，包括人力、物力和财力，影响企业的各项决策，创新作为一项需要长期投入的高风险活动，必然也会受到公司治理的影响。目前，国内外学者主要从董事会治理、产权结构等角度研究公司治理与企业创新的关系。因此，我们对 CEO 与董事长两职合一（$Dual$）、独立董事比例（$IndRatio$）以及产权（SOE）进行控制。具体而言，CEO 与董事长两职合一（$Dual$）是公司总经理和董事长是否由同一人承担的虚拟变量，两职合一则取 1，两职分离则取 0，用以衡量管理层团队权力是否集中；独立董事比例（$IndRatio$）是指独立董事人数与董事会规模的比例，用以衡量董事会的独立性；产权（SOE）是衡量上市公司是否为国有控股企业的虚拟变量，是则取 1，否则取 0。

以往文献关于行业竞争对创新产出的影响未达成一致，我们在文中对行业竞争度进行控制，采用基于销售额计算得到的赫芬达尔-赫希曼指数（HHI，表示行业集中度）来测度。HHI 在 0 和 1 之间取值。HHI 越小，行业竞争越激烈；HHI 越大，行业垄断程度越高。

4.3.2.4 其他控制变量

成功的创新需要大量长期的投资，很多失败的创新都是由于缺乏足够长时间的资金支持（Shadab，2008）。由于创新活动的投入是不可逆转的、具有高风险，企业如何为创新活动筹集资金显得尤为重要。从债务融资会增加权益投资者风险的角度看，发行债务会使得权益投资者偏好低风险的投资项目；同时，债权人因为享受不到高风险活动带来的高收益却要承担活动失败的风险（Belloc，2012）。所以，企业的杠杆率（Leverage）、企业盈利能力（ROA）都可能会影响企业创新。此外，熊彼特的创新假说（Schumpeter，1942）以及实证研究（周黎安和罗凯，2005）都表明，企业规模（Size）越大，企业创新水平越高。

我们还参照以往研究创新的影响因素的文献，控制固定资产份额、企业年龄、销售额增长率和管理层持股比例。各变量详细定义见表 4-1。

表 4-1 变量定义

符号	名称	定义
Patent	专利申请量	专利申请总量，即发明专利、实用新型专利与外观设计专利申请量之和，表示创新总量
Patent1		发明专利申请量，表示创新质量
Patent23		非发明专利申请量，即实用新型与外观设计专利申请量之和，表示创新数量
OC	组织资本	（未调整的）企业组织资本，用组织资本投入带来的超额利润与企业期末资产总值的比值的行业—年度排序除以所在行业—年度的观测值总数即得到所需变量
OC_adj		调整后的企业组织资本，先将组织资本投入带来的超额利润在过去五年内进行平均摊销，再将归属于当年的超额利润与企业期末资产总值的比值按照行业—年度排序，最后将序数除以该企业所在行业—年度的观测值总数即得到所需变量
Size	企业规模	企业期末资产总值的自然对数
Leverage	资产负债率	企业期末负债总值与资产总值的比值
ROA	资产收益率	企业净利润与总资产的比值，衡量企业的盈利能力

续表 4-1

符号	名称	定义
$Tangibility$	固定资产份额	（期末固定资产＋折旧）/期末资产总值
Age	企业年龄	公司成立的年限，等于当前年度加 1 减去公司成立年份
$Sales\ Growth$	销售额增长率	企业当年销售额的变化值与上一年度销售额之比
HHI	行业集中度	某行业一年度内所有企业以销售额测算的市场占有率的平方和，衡量行业竞争程度
SOE	国有产权属性	虚拟变量，企业实际控制人为中央或地方政府时取 1，否则取 0
$Dual$	两职合一	虚拟变量，CEO 和董事长两职合一则取 1，两职分离则取 0
$IndRatio$	独立董事占比	独立董事人数与董事会规模的比例
MH（%）	管理层持股比率	管理层持股数量占总股本的百分比

4.4 实证结果分析

4.4.1 描述性统计

表 4-2 报告了各变量的描述性统计结果。所有连续变量均在 1% 和 99% 上缩尾处理。从表 4-2 可以看出，专利申请总量的平均值为 8.925，发明与非发明专利申请量的均值分别为 2.834 和 5.871，3 项指标在不同公司之间均存在较大的差异，且存在较为严重的右偏。样本中，国有企业观测值数量大约是非国有企业的 2 倍。企业平均杠杆率为 51.1%，平均资产收益率 3.0%，平均持有 31.0% 的固定资产，平均年龄为 13.678，销售额平均每年增长 22.1%。行业竞争度的平均值为 0.064，标准差为 0.057，说明不同行业之间竞争程度差异较大。只有 13.6% 的公司存在两职合一的情况，比例较小。独立董事的平均占比为 35.7%，在不同公司间差异较小。管理层持股比率的平均值为 1.199%，在不同公司之间差异很大。

表 4-2 描述性统计

变量	观测值	平均值	标准差	最小值	中位数	最大值
Patent	10443	8.925	30.712	0	0	231
Patent1	10443	2.834	10.009	0	0	75
Patent23	10443	5.871	21.263	0	0	161
OC	10443	0.510	0.289	0.004	0.509	1
SOE	10443	0.676	0.468	0	1	1
Size	10443	21.682	1.164	19.168	21.576	25.145
Leverage	10443	0.511	0.189	0.075	0.522	0.917
ROA	10443	0.030	0.059	-0.220	0.028	0.196
Tangibility	10443	0.310	0.199	0.004	0.278	0.837
Age	10443	13.678	4.378	2	13	33
Sales Growth	10443	0.221	0.567	-0.682	0.134	3.943
HHI	10443	0.064	0.057	0.018	0.046	0.349
Dual	10443	0.136	0.343	0	0	1
IndRatio	10443	0.357	0.052	0.154	0.333	0.556
MH（%）	10443	1.199	5.840	0	0.003	40.795

4.4.2 组织资本与企业创新

首先，我们考察组织资本对企业专利申请量的影响。大部分企业专利申请量为 0，因此，采用左截尾 Tobit 模型进行估计。组织资本与专利申请量的模型为：

$$Innovation_{i,t} = \alpha + \beta_1 OC_{i,t} + \gamma Control_{i,t} + \sum Year + \sum Industry + \varepsilon_{i,t}$$

(4-6)

这里，各变量定义见表 4-1。考虑到从投入研发到提出申请，虽然存在一定的时间间隔，但专利权的授予按照先申请原则，在有相同内容的多个申请时，申请的先后决定了专利该权赋予谁，这项法规的执行使得企业有更大的动力加快研发的步伐，抢占先机；同时，对于一个研发项目，某些专利申请可能是前期成果或是中间产物，因此，我们采用当期的自变量对专利申请量进行回归，当然，也可能存在部分创新产出需要更长的时间，或者部分产出要在前期成果的基础上才能得到，从而导致当期的投入对下一期甚至更后期的创新产出仍有影响，我们将在稳健性检验中对此进行进一步的检验。

根据假设，组织资本对企业创新有正向的促进作用，因此我们期待 $\beta_1 > 0$。利用该模型，分别用对数处理后的专利申请总量、发明专利申请量和非发明专利申请量作为因变量进行回归，得到 3 组回归结果，如表 4-3 所示。

表 4-3　组织资本与企业创新产出

变量	lnPatent (1)	lnPatent1 (2)	lnPatent23 (3)
OC	0.437***	0.267**	0.469***
	(3.101)	(1.991)	(3.039)
SOE	0.153**	0.187***	0.057
	(2.141)	(2.746)	(0.731)
Size	0.838***	0.754***	0.847***
	(25.759)	(24.398)	(24.536)
Leverage	-0.808***	-0.549***	-0.606***
	(-4.273)	(-2.991)	(-2.947)
ROA	2.990***	3.471***	2.181***
	(4.019)	(4.811)	(2.649)
Tangibility	-0.103	-0.077	-0.139
	(-0.499)	(-0.392)	(-0.615)
Age	-0.060***	-0.061***	-0.041***
	(-6.706)	(-7.191)	(-4.255)
Sales Growth	-0.272***	-0.200***	-0.264***
	(-4.357)	(-3.434)	(-3.946)
HHI	-3.031	1.903	-2.693
	(-1.562)	(1.047)	(-1.296)
Dual	0.259***	0.358***	0.099
	(3.046)	(4.455)	(1.018)
IndRatio	0.338	0.552	0.530
	(0.560)	(0.970)	(0.809)
MH	0.024***	0.020***	0.018***
	(4.920)	(4.469)	(3.380)

续表 4-3

变量	lnPatent (1)	lnPatent1 (2)	lnPatent23 (3)
Year Effect	YES	YES	YES
Industry Effect	YES	YES	YES
Constant	-19.253***	-18.462***	-20.380***
	(-24.774)	(-24.574)	(-24.386)
观测值	10443	10443	10443

注：本表报告了组织资本对不同维度的创新产出（创新总量、创新质量与创新数量）的影响。括号内为经过稳健性调整的 t 值；***、**和*分别表示在1%、5%和10%的显著性水平上拒绝零假设。

由表 4-3 可知，组织资本能提高企业创新产出，无论是创新质量还是创新数量，说明组织资本在企业创新中发挥着重要作用。组织资本对创新产出的正向效果与研究假说 1 一致。组织资本的存在促使企业巩固其现有的知识从而提高创新能力（Subramaniam and Youndt, 2005），使得企业具备竞争对手无法复制的竞争优势（Lev et al., 2009）。因此，加大组织资本的投入，形成充足的组织资本，对企业创新水平的提高有积极的意义。以往的研究表明，组织资本能够提升企业绩效（邸强、唐元虎，2005；Eisfeldt and Papanikolaou, 2013），而我们通过对组织资本进行客观且整体的衡量，进一步支持了以往研究中用感性指标衡量的组织资本测度（Subramaniam and Youndt, 2005）和基于调查问卷数据构造的组织资本变量对企业创新的影响（Chen et al., 2006），得出了组织资本能够推动企业创新的结论，为组织资本提升企业绩效的可能途径提供了经验证据。

从控制变量的回归系数可以看出，平均而言，国有企业的专利申请量显著高于民营企业，可能源于国有企业有更高的研发投入[①]（聂辉华等，2008）、占有更多创新所需的资源并且生产更多技术附加值高的产品（李春涛和宋敏，2010）。公司规模的系数显著为正，说明公司规模越大，企业创新越多，因为中

---

① 1999 年，国家税务总局发布的《企业技术开发费用税前扣除管理办法》第四条规定：国有和集体企业的研发费用比上年实际增长 10% 以上的，允许在税前扣除研发费用的基础上，再按研发费用实际发生额的 50% 抵扣当年的应纳税所得额。2003 年年底，这一优惠政策适用范围扩大到所有财务核算制度健全、实行查账征收企业所得税的各种所有制的工业企业。这种加计扣除的税收优惠政策使得国有企业研发投入的基数较大；同时，研发部门的预算刚性导致优惠普及之后，国有企业仍然有较高的研发投入。

小企业的资源比较有限,例如,相对大企业而言,中小企业面临更大的风险且融资相对困难(周黎安、罗凯,2005)。ROA 的系数为正,说明创新活动依赖于企业的盈利能力。企业年龄(Age)的系数显著为负,说明越年轻的企业创新越活跃。资产负债率($Leverage$)和销售额增长率($Sales\ Growth$)的系数均显著为负,说明企业负债越高、销售额增长越快,创新越少。HHI 的系数在 3 组回归中均不显著且符号不统一,印证了以往文献关于行业竞争对创新的影响不一致的情况。CEO 和董事长两职合一有利于提高创新自由度,但董事会对高管团队监督的有效性会显著降低(吴淑琨等,1998)。从 $Dual$ 回归系数来看,两职合一能够推动企业创新,尤其表现在创新质量的提升方面,说明两职合一通过提高创新自由度对企业创新产生的正面影响大于高管权力过度膨胀给企业创新带来的负面影响,有利于企业加快创新的进程。独立董事占比($IndRatio$)的系数为正,但不显著,可能是因为独立董事在企业创新活动中发挥的作用有限。管理层持股比率(MH)的系数显著为正,说明管理层持股计划能有效地激励管理层维护公司长远利益。

4.5 稳健性检验

4.5.1 调整后的组织资本

为了减小组织资本的贡献在不同阶段的影响,在构造组织资本变量时,将组织资本的贡献 $AbProfit_{i,t}$ 在过去 5 年内进行平均摊销,再除以公司的总资产,得到调整后的标准化组织资本贡献,然后按照行业-年度对这个值从小到大进行排序,最后将序数除以各个公司所在行业-年度样本总数,得到调整后的组织资本变量 OC_adj。在本小节中,我们利用该变量替代未调整的组织资本变量 OC 进行稳健性检验,结果如表 4-4 所示。从该表可以看出,组织资本经过调整后,其对企业创新产出的影响基本不变。

表 4-4 调整后的组织资本与企业创新产出

变量	ln$Patent$ (1)	ln$Patent1$ (2)	ln$Patent23$ (3)
OC_adj	0.463 ***	0.319 ***	0.412 ***
	(3.776)	(2.744)	(3.068)

续表 4-4

变量	ln*Patent* (1)	ln*Patent*1 (2)	ln*Patent*23 (3)
SOE	0.154**	0.189***	0.057
	(2.159)	(2.778)	(0.723)
Size	0.825***	0.745***	0.837***
	(25.015)	(23.830)	(23.894)
Leverage	-0.721***	-0.487***	-0.534**
	(-3.756)	(-2.613)	(-2.562)
ROA	3.461***	3.697***	2.851***
	(5.380)	(5.915)	(4.015)
Tangibility	-0.108	-0.079	-0.144
	(-0.523)	(-0.402)	(-0.639)
Age	-0.058***	-0.060***	-0.040***
	(-6.477)	(-6.998)	(-4.099)
Sales Growth	-0.240***	-0.179***	-0.232***
	(-3.907)	(-3.111)	(-3.547)
HHI	-3.094	1.873	-2.742
	(-1.594)	(1.030)	(-1.319)
Dual	0.267***	0.362***	0.107
	(3.135)	(4.510)	(1.108)
IndRatio	0.410	0.616	0.588
	(0.678)	(1.083)	(0.897)
MH	0.023***	0.020***	0.017***
	(4.753)	(4.338)	(3.264)
Year Effect	YES	YES	YES
Industry Effect	YES	YES	YES
Constant	-19.073***	-18.357***	-20.201***
	(-24.564)	(-24.433)	(-24.233)
观测值	10443	10443	10443

注：本表报告了调整后的组织资本对不同维度的创新产出（创新总量、创新质量与创新数量）的影响。*OC_adj* 是调整后的组织资本。括号内为经过稳健性调整的 *t* 值；***、** 和 * 分别表示在 1%、5% 和 10% 的显著性水平上拒绝零假设。

4.5.2 未来的专利申请

如前所述,专利的申请滞后于相应的研发决策和资源投入,为此,我们利用领先一期的专利申请量作为因变量,构建模型(4-7),检验基本模型的稳健性。

$$Innovation_{i,t+1} = \alpha + \beta_1 OC_{i,t} + \varphi \ln Patent_{i,t} + \gamma Control_{i,t} + \sum Year + \sum Industry + \varepsilon_{i,t} \qquad (4-7)$$

由表4-5列出的回归结果可知,组织资本对领先一期的创新产出有正向作用,尤其是创新质量,说明组织资本对更具原创性的创新有深远的影响。当期的专利申请量的系数为正,说明了创新具有累积效应,前期的创新成果可能衍生出后期的创新并在改进新产品或生产流程的过程中持续发挥作用,这支持了周黎安和罗凯(2005)的结果。

表4-5 组织资本对领先一期的创新产出的影响

变量	$\ln Patent$ (1)	$\ln Patent1$ (2)	$\ln Patent23$ (3)
OC	0.219**	0.264**	0.130
	(2.002)	(2.441)	(1.068)
SOE	0.171***	0.133**	0.116*
	(3.132)	(2.436)	(1.932)
Size	0.224***	0.239***	0.265***
	(8.376)	(9.274)	(9.177)
Leverage	-0.221	-0.211	-0.067
	(-1.503)	(-1.442)	(-0.413)
ROA	1.613***	1.409**	1.905***
	(2.768)	(2.531)	(2.863)
Tangibility	0.317**	0.215	0.233
	(2.176)	(1.471)	(1.420)
Age	-0.028***	-0.027***	-0.028***
	(-4.182)	(-3.960)	(-3.679)
Sales Growth	-0.039	-0.048	-0.016
	(-0.764)	(-0.968)	(-0.288)

续表 4-5

变量	lnPatent (1)	lnPatent1 (2)	lnPatent23 (3)
HHI	-3.814***	-2.698*	-3.851**
	(-2.801)	(-1.936)	(-2.528)
Dual	0.029	0.079	-0.014
	(0.459)	(1.258)	(-0.184)
IndRatio	-0.187	0.259	-0.425
	(-0.400)	(0.566)	(-0.820)
MH	0.011***	0.008**	0.010**
	(2.929)	(2.102)	(2.185)
lnPatent	1.107***		
	(69.647)		
lnPatent1		1.151***	
		(57.170)	
lnPatent23			1.151***
			(63.688)
Year Effect	YES	YES	YES
Industry Effect	YES	YES	YES
Constant	-5.942***	-6.795***	-7.231***
	(-8.606)	(-10.099)	(-9.063)
观测值	8503	8503	8503

注：本表报告了组织资本对领先一期的创新产出的影响。括号内为经过稳健性调整的 t 值；***、**和*分别表示在 1%、5% 和 10% 的显著性水平上拒绝零假设。

4.6 扩展性分析

4.6.1 产权的调节效应

接下来，我们引入组织资本与产权的交互项，考察公司的产权性质是否会影响组织资本与企业创新的关系。具体地，采用 Tobit 回归方法对如下模型进行回归：

$$Innovation_{i,t} = \alpha + \beta_1 OC_{i,t} + \lambda_1 OC_{i,t} \times SOE_{i,t} + \gamma Control_{i,t} + \sum Year + \sum Industry + \varepsilon_{i,t} \quad (4-8)$$

对于模型（4-8），若交叉项系数显著，则说明组织资本在不同产权性质的企业对创新的影响存在明显差异；若不显著，则说明组织资本的创新效应在不同产权性质的企业没有明显差异。表 4-6 报告了模型（4-8）的 Tobit 回归结果，可以看出，组织资本与企业产权的交互效应显著为负，表明组织资本对企业创新的推动作用在民营企业比在国有企业更大，这一结果显然支持假说 2。在其他条件不变的情况下，与国有企业相比，相同的组织资本更能促进民营企业的企业创新，说明市场的淘汰机制能够进一步促进组织资本作用的积极发挥，市场机制的约束能够提高组织资本的利用率。而国有企业一方面由于监督的缺乏、所有者缺位等问题，普遍存在人员冗余、效率低下等现象，创新激励低下（周黎安、罗凯，2005）。另外，其经理人更多地关注自身的政治目标和经济利益，因而较少地支持风险高且期限长的创新活动。人员冗余带来的员工整体散漫也会影响组织资本的利用效率，对企业创新不利，因此，国有控股的环境不利于组织资本创新效果的发挥。

表 4-6 产权的调节效应

变量	$\ln Patent$ (1)	$\ln Patent1$ (2)	$\ln Patent23$ (3)
OC	0.871***	0.734***	0.789***
	(4.099)	(3.666)	(3.370)
OC × SOE	-0.633***	-0.677***	-0.466*
	(-2.823)	(-3.170)	(-1.886)
SOE	0.493***	0.557***	0.309**
	(3.471)	(4.068)	(1.984)
Size	0.838***	0.754***	0.847***
	(25.770)	(24.414)	(24.540)
Leverage	-0.818***	-0.555***	-0.615***
	(-4.325)	(-3.023)	(-2.993)
ROA	2.941***	3.413***	2.143***
	(3.941)	(4.717)	(2.595)

续表 4-6

变量	lnPatent (1)	lnPatent1 (2)	lnPatent23 (3)
Tangibility	-0.100	-0.077	-0.137
	(-0.484)	(-0.391)	(-0.606)
Age	-0.060***	-0.062***	-0.041***
	(-6.709)	(-7.221)	(-4.254)
Sales Growth	-0.273***	-0.201***	-0.264***
	(-4.378)	(-3.458)	(-3.956)
HHI	-3.078	1.848	-2.721
	(-1.583)	(1.014)	(-1.308)
Dual	0.261***	0.360***	0.100
	(3.062)	(4.475)	(1.032)
IndRatio	0.371	0.583	0.557
	(0.614)	(1.025)	(0.850)
MH	0.023***	0.019***	0.017***
	(4.715)	(4.257)	(3.245)
Year Effect	YES	YES	YES
Industry Effect	YES	YES	YES
Constant	-19.491***	-18.716***	-20.559***
	(-25.010)	(-24.831)	(-24.495)
观测值	10443	10443	10443

注：本表报告了加入组织资本与产权的交互项的回归结果。括号内为经过稳健性调整的 t 值；***、**和*分别表示在1%、5%和10%的显著性水平上拒绝零假设。

4.6.2 行业竞争的调节效应

本部分，我们在基本模型的基础上引入组织资本与行业集中度的交互项，考察公司所处行业的竞争程度对组织资本与企业创新之间关系的边际影响。具体地，采用 Tobit 回归方法，对如下模型进行回归：

$$Innovation_{i,t} = \alpha + \beta_1 OC_{i,t} + \lambda_2 OC_{i,t} \times HHI_{i,t} + \gamma Control_{i,t} + \sum Year + \sum Industry + \varepsilon_{i,t} \quad (4-9)$$

通过对模型（4-9）中交叉项系数的考察，我们可以获得关于行业竞争的调节作用的信息。如果交叉项系数为正，则说明随着行业垄断程度的增加，组织资本对企业创新的促进效果增强；反之，则意味着竞争能够使得组织资本发挥了更大的创新效果。

回归结果如表4-7所示。总体来说，交叉项的系数为负，意味着行业竞争有利于提升组织资本对企业创新的正面影响效果，而且在专利申请总量与发明专利申请量上都显著，说明行业竞争程度提高，组织资本的推动作用加强。这与假说3一致，即竞争能够进一步提升组织资本的积极作用，说明行业竞争发挥了良好的激励效应。当行业竞争加剧时，企业被淘汰的风险增大，经营者和所有者都受到激励并通过创新巩固企业的市场地位，员工在这种被激励的氛围中不容易产生懈怠情绪，有利于促进组织资本效率的发挥。

从另一个角度来说，竞争加剧为企业核心人才的外部选择权提供了更大的可能性，这种外部选择权为企业组织资本的转移创造了条件，因而使得组织资本的效率不断提高；同时，在位者受到新进入者的威胁，也会积极地改善自身组织资本的效率，从而提高企业创新水平，以维持或增加市场份额，获取额外利润。竞争的积极作用在发明专利申请量上表现得更为显著，可能是因为发明专利比其他两种专利技术含量更高，为了巩固市场地位，企业对发明专利有更大的偏好。

表4-7 行业竞争度的调节效应

变量	lnPatent (1)	lnPatent1 (2)	lnPatent23 (3)
OC	0.646***	0.441***	0.704***
	(3.625)	(2.603)	(3.626)
OC × HHI	-3.141*	-2.567*	-3.476**
	(-1.892)	(-1.653)	(-2.004)
SOE	0.152**	0.186***	0.056
	(2.123)	(2.731)	(0.718)
Size	0.835***	0.752***	0.844***
	(25.710)	(24.359)	(24.472)
Leverage	-0.807***	-0.547***	-0.604***
	(-4.267)	(-2.979)	(-2.941)
ROA	2.934***	3.416***	2.120**
	(3.941)	(4.721)	(2.574)

续表 4-7

变量	lnPatent (1)	lnPatent1 (2)	lnPatent23 (3)
Tangibility	-0.100	-0.073	-0.135
	(-0.483)	(-0.372)	(-0.599)
Age	-0.060***	-0.061***	-0.041***
	(-6.712)	(-7.200)	(-4.264)
Sales Growth	-0.272***	-0.200***	-0.264***
	(-4.350)	(-3.431)	(-3.939)
HHI	-1.291	3.332*	-0.755
	(-0.600)	(1.651)	(-0.330)
Dual	0.262***	0.360***	0.102
	(3.077)	(4.481)	(1.051)
IndRatio	0.325	0.543	0.511
	(0.537)	(0.955)	(0.782)
MH	0.024***	0.020***	0.018***
	(4.946)	(4.485)	(3.395)
Year Effect	YES	YES	YES
Industry Effect	YES	YES	YES
Constant	-19.297***	-18.503***	-20.426***
	(-24.832)	(-24.615)	(-24.454)
观测值	10443	10443	10443

注：本表报告了加入组织资本与行业集中度的交互项的回归结果。括号内为经过稳健性调整的 t 值；***、**和*分别表示在1%、5%和10%的显著性水平上拒绝零假设。

4.6.3 企业内部薪酬差距的调节效应

本部分，我们引入组织资本与企业内部薪酬差距的交互项构建 Tobit 模型（4-10），探讨企业内部薪酬差距的调节效应。根据前述分析，企业内部薪酬差距的调节作用尚不明确，有待进一步的实证检验。

$$Innovation_{i,t} = \alpha + \beta_1 OC_{i,t} + \lambda_3 OC_{i,t} \times FPG_{i,t} + \beta_2 FPG_{i,t} + \gamma Control_{i,t} + \sum Year + \sum Industry + \varepsilon_{i,t} \quad (4-10)$$

在本模型中，我们关注交叉项的系数。回归结果如表 4-8 所示。3 组回归中，交叉项的系数均为正，表明薪酬差距越大，组织资本的创新效果就越显著，这与研究假说4a较为一致。但是，只在非发明专利申请量作为因变量时，薪酬差距的调节效应才显著。可能的原因是，在对组织资本创新效果发挥调节效应的过程中，锦标赛理论和比较理论的作用相当，锦标赛理论略占优，意味着有形激励与无形激励存在一定的互补性。

表4-8 企业内部薪酬差距的调节效应

变量	ln$Patent$ (1)	ln$Patent1$ (2)	ln$Patent23$ (3)
OC	0.201	0.184	0.209
	(1.033)	(1.000)	(0.992)
$OC \times FPG$	0.042	0.009	0.048*
	(1.627)	(0.385)	(1.732)
FPG	-0.001	0.006	-0.003
	(-0.049)	(0.401)	(-0.170)
SOE	0.174**	0.191***	0.086
	(2.401)	(2.770)	(1.080)
$Size$	0.809***	0.740***	0.817***
	(24.400)	(23.448)	(23.121)
$Leverage$	-0.847***	-0.570***	-0.642***
	(-4.443)	(-3.080)	(-3.093)
ROA	2.877***	3.440***	2.032**
	(3.823)	(4.715)	(2.439)
$Tangibility$	-0.102	-0.081	-0.131
	(-0.488)	(-0.409)	(-0.576)
Age	-0.063***	-0.064***	-0.044***
	(-7.059)	(-7.409)	(-4.570)
$Sales\ Growth$	-0.256***	-0.194***	-0.248***
	(-4.049)	(-3.272)	(-3.658)
HHI	-3.247*	1.835	-3.267
	(-1.662)	(1.002)	(-1.561)

续表4-8

变量	lnPatent (1)	lnPatent1 (2)	lnPatent23 (3)
Dual	0.252***	0.368***	0.089
	(2.940)	(4.549)	(0.908)
IndRatio	0.369	0.497	0.564
	(0.607)	(0.866)	(0.854)
MH	0.023***	0.020***	0.018***
	(4.821)	(4.358)	(3.311)
Year Effect	YES	YES	YES
Industry Effect	YES	YES	YES
Constant	-18.551***	-18.082***	-19.569***
	(-23.268)	(-23.443)	(-22.877)
观测值	10267	10267	10267

注：本表报告了加入组织资本与企业内部薪酬差距的交互项的回归结果。其中，FPG 是企业内部薪酬差距，由管理层平均薪酬与普通员工平均薪酬相除得到；括号内为经过稳健性调整的 t 值；***、** 和 * 分别表示在1%、5%和10%的显著性水平上拒绝零假设。

4.6.4 可能的机制：创造性破坏

在本部分，我们考察组织资本是否通过创造性破坏提升企业创新。"创造性破坏"理论是由 Schumpeter（1942）提出的，Aghion 和 Howitt（1992）将创造性破坏思想引入内生经济增长模型，在熊彼特增长理论方面做出了开创性的贡献。Aghion 和 Howitt（2006）利用熊彼特增长理论详细阐述了一个增长政策理论，解释了欧洲与美国的增长率的差距，在实证研究中证明了国家政策与增长率相关，并且这种关系受到技术水平和金融发展水平的影响。Fogel 等（2008）证明了创造性破坏对经济增长的巨大贡献，而且发达国家的创造性破坏能力强于发展中国家。在微观层面，Chun 等（2008）的实证研究表明企业创新能力与企业特质信息之间存在正相关关系，借此证实了创造性破坏的内生增长理论。从企业组织资本隐性、异质、难以被模仿的角度出发，组织资本可以纳入企业特质信息的范围，因此，创造性破坏可能是组织资本影响创新的一个途径。

借鉴 Chun 等（2008）、邓可斌和丁重（2010）的研究，利用公司特质信息作为创造性破坏的代理变量,即 $Creative = \ln[(1-R^2)/R^2]$ 得到,R^2 是 CAPM 模型($r_{i,t} = \alpha_i + \beta_{i,t}r_{Mkt\neq i,t} + \gamma_{i,t}r_{Ind\neq i,t} + \varepsilon_{i,t}$,其中,$r_{i,t}$ 是个股年度收益率,为避免伪相关性,$r_{Mkt\neq i,t}$、$r_{Ind\neq i,t}$ 分别是剔除股票 i 之后按流通市值加权的年度市场收益率和年度行业收益率①)回归得到的调整 R^2。因此,企业创造性破坏的投入越高,公司特质信息占比越大,R^2 越小,$Creative$ 值越大。具体地,分别将当期和领先一期的创造性破坏 $Creative$ 作为因变量,构造模型(4-11):

$$Creative_{i,t} = \alpha + \beta_1 OC_{i,t} + \gamma Control_{i,t} + \sum Year + \sum Industry + \varepsilon_{i,t}$$
(4-11)

对模型(4-11)进行 OLS 回归,结果如表4-9中(1)列所示。为了检验组织资本对下一期创造性破坏的影响,对模型(4-11)中的因变量 $Creative$ 做领先一期处理,同样进行 OLS 回归,结果如表4-9中(2)列所示。从回归结果来看,组织资本的系数都为正,说明组织资本能够加剧上市公司的创造性破坏程度,并且这一结果在领先一期的创造性破坏中也得到了证实。具体表现为:调整前的组织资本的提高显著提升了当期和下一期的创造性破坏水平,均在1%的水平上显著,并且对下一期的创造性破坏影响更大;调整后的组织资本没有显著影响当期的创造性破坏,但在5%的水平上显著影响下一期的创造性破坏,这两个结果共同说明了组织资本对创造性破坏的影响具有很强的时滞性。总之,组织资本能够提高企业创造性破坏的能力。由于技术创新分为创造性破坏(技术进步)和技术效率的提高(邓可斌、丁重,2010),组织资本对创造性破坏的促进作用体现了组织资本对创新的根本性推动作用,为企业加强组织资本的建设提供了更充分的证据,同时也说明创造性破坏是组织资本影响企业创新的途径。

表4-9 组织资本与创造性破坏

变量	$Creative_t$	$Creative_{t+1}$
	(1)	(2)
OC	0.187***	0.102**
	(2.891)	(2.453)
SOE	-0.007	-0.029
	(-0.213)	(-1.332)

---

① 行业分类参照中国证监会2001年发布的《上市公司行业分类指引》。

续表 4-9

变量	$Creative_t$	$Creative_{t+1}$
	(1)	(2)
Size	-0.197***	-0.179***
	(-12.246)	(-17.046)
Leverage	0.631***	0.523***
	(6.906)	(8.787)
ROA	1.091***	0.034
	(3.128)	(0.140)
Tangibility	-0.166*	-0.070
	(-1.756)	(-1.167)
Age	0.001	0.002
	(0.296)	(0.728)
Sales Growth	0.080***	0.040**
	(2.910)	(2.211)
HHI	1.943*	1.920***
	(1.800)	(2.803)
Dual	0.076*	0.048*
	(1.715)	(1.742)
IndRatio	-0.107	-0.217
	(-0.374)	(-1.164)
MH	-0.004	-0.004**
	(-1.044)	(-1.971)
Year Effect	YES	YES
Industry Effect	YES	YES
Constant	4.153***	3.878***
	(10.222)	(14.012)
观测值	6367	6367
调整 R^2	0.147	0.132

注：本表报告了组织资本对创造性破坏的影响。其中，Creative 是企业创造性破坏程度的代理变量；下标 t 和 t+1 分别指代当期和下一期；括号内为经过稳健性调整的 t 值；***、** 和 * 分别表示在1%、5% 和10%的显著性水平上拒绝零假设。

4.7 本章小结

本章利用我国上市公司2003—2012年的数据，对组织资本与企业创新之间的关系进行了一系列研究。在控制了公司规模、资产负债率、资产收益率、固定资产份额、企业年龄、销售额增长率、行业集中度、产权性质、董事长与CEO两职合一、独立董事占比以及管理层持股比率等变量对企业创新的影响后，我们发现，组织资本能够显著地推动企业创新。董事长与CEO两职合一通过提高企业的创新自由度而促进企业创新。国有企业由于占有更多创新所需的资源，加上研发费用加计扣除的税收激励政策，使得研发活动较多，但国有控股的企业性质弱化了企业创新对高层管理人员的激励，同时国有企业有政府作为依靠，企业内部难以形成积极进取的创新氛围，员工在这样的环境中容易消极散漫，从而导致组织资本的效率低下。国有产权属性在组织资本与企业创新的关系中发挥着负向的调节作用，国有产权性质会降低组织资本的创新效果。此外，激烈的行业竞争有利于提升组织资本对企业创新的正面影响效果，说明行业竞争能够发挥良好的激励效应；内部薪酬差距的加大能够激励员工，提升组织资本的创新效率。总之，非国有产权属性、激烈的行业竞争以及较大的薪酬差距能够在更大程度上调动员工的积极性，使得组织资本发挥更大的作用，提高企业创新能力。最后，我们进一步探究了组织资本影响企业创新的途径，我们发现，组织资本能够促使企业进行创造性破坏，说明组织资本引致的企业创新能产生破坏性的效果，对原有产品、技术和市场造成冲击。

本章的研究对企业发展及产业政策制定有积极的意义。通过形成企业合理的组织结构、制度规范，建设企业组织文化等增加企业的组织资本，能够提高企业的创新能力，从而提升企业的竞争力，对技术进步和企业的长远发展有深远的意义。通过引导国有企业改革、改善国有企业的人事制度、减少人员冗余、设立合理的薪酬制度、维持较大的企业内部薪酬差距等措施改善公司治理、提高员工的激励水平，能够促进组织资本发挥更大的创新效果。减少政府管制、建设以市场为主导的行业竞争机制，也有利于提高组织资本的利用效率，加强组织资本对企业创新的推动作用。

第 5 章
政治关联与企业创新的实证研究

5.1 引言

本章研究企业政治关联对创新产出的影响及其机制。政府在许多大型经济体中扮演着重要的角色（Fisman, 2001）。政治关联在我国企业中极为普遍。企业通过政治关联，能够争取企业家个人的社会地位，增强企业经营的合法性，降低与政府交往的不确定性，履行企业家的社会责任（邬爱其、金宝敏，2008）。与政府保持良好关系，能够减少来自地方政府方面的权利侵害，还能借助政府的力量防范其他非政府行为的侵害（胡旭阳，2006）。

基于创新对经济增长的基础性作用以及企业在创新中的主体地位，我们在现有文献的基础上，考察上市公司管理人员政治关联这种外部资源对企业创新产出的作用及其机制，以期为政治关联影响宏观经济发展和社会福利的途径提供新的证据。虽然目前文献中政治关联对企业创新的影响不一致，但证明政治关联影响企业创新的证据大多来自创新投入的研究，创新绩效或创新效率方面的经验证据更多地表明政治关联对企业创新带来了负面的影响。同时，杨其静（2011）关于政治关联干扰和削弱企业核心能力建设方面的努力的论证，也给我们论证政治关联与创新产出的关系提供了一个视角。他们指出，为了建立和维护政治关联，企业家和高管需要耗费大量的精力和资源，从而减少在企业能力建设上的投入，政治关联软化了企业的预算约束和市场竞争压力，从而弱化了企业进行能力建设的动力，政府官员往往迫使企业形成特殊的治理结构以维护其利益，从而对企业的组织、激励机制和文化建设造成不利影响。因此，我们认为，作为企业发展的核心力量，创新产出会受到政治关联带来的负面影响。考虑到政治关联对企业创新造成的影响可能是创新动力不足，我们考察市场竞争是否会带来边际影响。此外，鉴于中央政府与地方政府在资源调配范围的区别，我们进一步区分了政治关联的类型，分别考察了不同类型的政治关联对企业创新的影响。

政治关联给企业带来的经济效益是多维度的。现有文献对政治关联的经济后果进行了广泛的研究，得出了丰富的结论。当企业存在政治关联时，投资收到的融资约束更少，更容易获得银行的信贷支持（罗党论和甄丽明，2008）。政治关联还能给企业带来税收优惠。在企业税收负担较重的省市，政治关联企业在所得税适用税率和实际所得税率上都显著低于非政治关联企业（吴文锋等，2009）。政治关联企业在获取财政补贴方面也占据优势（陈冬华，2003；罗党论、唐清泉，2009；余明桂等，2010）。Faccio 等（2006）使用 35 个国家的跨国数据研究发现，政治关联企业获得政府援助的可能性显著高于非关联企业。

然而，政治关联与企业创新之间的关系尚存在争论。一方面，政府掌握大量创新资源，不仅可以通过直接向企业拨付研发费用控制企业的研发投入，而且可以通过风险投资基金投入、人才调配等手段调节国有企业的研发能力；另一方面，政治关联并不会对企业进行技术效率改进或创造性破坏活动产生有利的影响，甚至还会降低大规模企业的创新效率（丁重、邓可斌，2010）。实证检验也得到了不同的结论。梁强等（2011）发现政治关联有利于非高新技术企业的创新投入；唐清泉等（2011）研究发现企业政治关联对非国有企业的研发投入具有显著的促进作用；江雅雯等（2011）利用世界银行的调查数据发现企业主动建立的政治关联正向影响企业研发活动。但是，它对企业创新乃至经济增长的影响也可能是负面的。

5.2 数据来源及研究设计

5.2.1 样本选取

本章的专利申请数据来自中国专利数据库。该数据库通过将中华人民共和国国家知识产权局公布的专利原始数据与上市公司数据进行匹配处理，涵盖了上市公司从 IPO 年份到 2010 年期间的专利申请数量等，解决了专利数据与公司数据无法关联的问题，比直接对照上市公司下载获取的专利数据更加全面和精确。政治关联数据是在查阅上市公司 2000—2009 年高管、董事和监事人员的简历的基础上手工搜集的。其他数据来源于国泰安 CSMAR 数据库。研究样本为

2000—2009 年所有 A 股上市公司。在对金融类上市公司、某一年度或几个年度交易状态异常或相关数据缺失的样本进行剔除后，最终得到 10705 个观测值。本章对各变量在 1% 和 99% 上进行 winsorize 处理，以避免异常值对研究结论造成影响。

5.2.2 变量定义

与目前国内外大量文献（Crepon and Duguet, 1997; Brunnermeier and Cohen, 2003; 温军、冯根福, 2012; 吴延兵, 2012; 等）一致，我们从创新产出的角度出发，采用企业专利申请数量衡量企业创新；同时，参照 Tan 等（2015）的做法，将发明专利视为高质量创新单独考察，实用新型专利与外观设计专利合并考察。政治关联的测度沿袭并扩展 Faccio（2006）、Fan 等（2007）及吴文锋等（2008）关于 CEO 或高管政治关联的定义，将企业存在高管、董事或监事人员担任（或曾经担任）政府、军队官员或人大代表、政协委员的情况视为政治关联，并进一步区分为中央政治关联和地方政治关联。市场竞争变量参照孔东民等（2013）的做法，构造行业集中度，并利用樊纲等（2011）的地区市场化进程指数，从行业和地区两个层面进行测度。控制变量的选取综合了 Zahra 等（2000）和 Tan 等（2015）关于创新的实证研究。具体变量定义如表 5-1 所示。

表 5-1 变量定义

符号	名称	定义
$Patent$	专利申请量	专利申请总量，即发明专利、实用新型专利与外观设计专利申请量之和
$Patent1$		发明专利申请量
$Patent23$		非发明专利申请量，即实用新型专利与外观设计专利申请量之和
PC	政治关联	政治关联虚拟变量，高管、董事或监事人员在政府（包括军队）任职，或担任人大代表、政协委员，则取 1，否则取 0
PC_c		中央政治关联虚拟变量，高管、董事或监事人员在中央政府机构任职，或担任全国人大代表、全国政协委员，则取 1，否则取 0

续表 5-1

符号	名称	定义
PC_l	政治关联	地方政治关联虚拟变量,高管、董事或监事人员在地方政府部门任职,或担任地方人大代表、地方政协委员,则取 1,否则取 0
HHI	市场竞争	行业集中度,即某行业-年度内所有企业以销售额衡量的市场占有率的平方和
$MktIndex$		市场化进程,即樊纲等(2011)公布的中国各地区相对市场化进程指数
$Size$	公司规模	公司期末资产总值的自然对数
$Leverage$	资产负债率	公司期末负债总值与资产总值的比值
ROA	资产收益率	公司净利润与总资产的比值
$Sales\ Growth$	销售额增长率	当年与上一年的销售收入之比减去 1
Age	公司年龄	公司成立的年限,等于当前年度加 1 减去公司成立年份
$Dual$	两职合一	虚拟变量,CEO 和董事长两职合一则取 1,两职分离则取 0
$IndRatio$	独立董事占比	独立董事人数与董事会规模的比例
$TopHd$(%)	高管持股比率	高管人员持股数量与总股本的百分比

5.3 实证结果分析

5.3.1 描述性统计

表 5-2 报告了各变量的描述性统计结果。从该表可以看出,专利申请总量的平均数为 4.196,最小值和中位数都为 0,最大值为 106,标准差为 14.420,说明专利申请量存在严重的右偏,在不同公司之间差异很大;发明专利申请量与非发明专利申请量也反映出类似的特点。发明专利申请量明显小于非发明专利申请量,这一方面是由于非发明专利细分为实用新型专利和外观设计专利两类,另一方面是因为发明专利技术含量更高,故发明专利产量较低。研究样本中,46.0% 的企业存在政治关联,其中,12.1% 的企业存在中央政治关联,

37.2%的企业存在地方政治关联,这其中包含3.3%的企业同时存在中央政治关联与地方政治关联(下文称"双重政治关联")。各个行业内普遍存在较大的竞争,竞争度平均为0.065。资产负债率平均为47.9%,资产收益率平均水平较低(2.9%),但销售额增长率平均高达20.6%。平均来说,样本中的企业已成立10.741年,12.6%的企业CEO与董事长两职合一,独立董事人数占据董事会的29.2%,高管仅持有0.452%的股份。

表5-2 描述性统计

变量	观测值	平均值	标准差	最小值	中位数	最大值
$Patent$	10705	4.196	14.420	0	0	106
$Patent1$	10705	1.393	5.300	0	0	40
$Patent23$	10705	2.799	10.576	0	0	79
PC	10705	0.460	0.498	0	0	1
PC_c	10705	0.121	0.326	0	0	1
PC_l	10705	0.372	0.483	0	0	1
HHI	10705	0.065	0.058	0.018	0.045	0.359
$MktIndex$	10705	7.535	2.287	0	7.480	11.800
$Size$	10705	21.3775	1.007	19.350	21.241	24.641
$Leverage$	10705	0.479	0.177	0.081	0.488	0.860
ROA	10705	0.029	0.058	-0.230	0.031	0.174
$Sales\ Growth$	10705	0.206	0.454	-0.654	0.140	2.811
Age	10705	10.741	4.145	3	10	22
$Dual$	10705	0.126	0.332	0	0	1
$IndRatio$	10705	0.292	0.128	0	0.333	0.500
$TopHd$(%)	10705	0.452	2.508	0	0.001	19.602

5.3.2 政治关联与企业创新

首先,我们考察政治关联对企业创新的影响。需要说明的是,企业的专利申请量总是大于或等于零,即在零点左端删失(left-censored),因此,本章在考察其他变量对专利申请量的影响时，采用 Tobit 模型进行回归。政治关联与专利申请量的回归方程如下：

$$Innovation = \beta_0 + \beta_1 PC + \gamma Control + \sum Industry + \sum Year + \varepsilon \quad (5-1)$$

根据前述分析，政治关联对企业创新有抑制效应，我们预期 $\beta_1 < 0$。表 5-3 的 (1) 列给出了模型 (5-1) 的回归结果，β_1 小于零，并在 1% 的水平上显著，与相关关系及预期均一致。当企业由无政治关联到获得政治关联后，专利申请量平均下降约 20%。为了进一步考察创新的质量受到的影响，我们参照 Tan 等 (2015) 基于发明专利最具原创性和技术含量的考虑，将发明专利用于衡量专利的质量，同时也将实用新型专利和外观设计专利都归为非发明专利，与发明专利进行对比。对数处理后的发明专利申请量（$lnPatent1$）和对数处理后的非发明专利申请量（$lnPatent23$）作为因变量时，模型 (5-1) 的回归结果分别对应于表 5-3 的 (2) 列和 (3) 列。可以看出，政治关联对发明专利申请量的影响不仅在统计结果上不显著，而且经济意义也很小，它对专利申请总量的抑制作用主要源于它对非发明专利申请量显著为负的影响，企业由无政治关联到获得政治关联后，非发明专利申请量平均下降约 28%。这间接说明非发明专利给企业带来的收益不如发明专利，当企业获取政治关联后，政治关联给企业带来的资源优势会使得企业放弃非发明专利活动。

表 5-3 政治关联与企业创新

变量	$lnPatent$ (1)	$lnPatent1$ (2)	$lnPatent23$ (3)
PC	-0.225***	-0.020	-0.332***
	(-3.539)	(-0.325)	(-4.633)
Size	0.753***	0.669***	0.770***
	(19.812)	(18.305)	(18.795)
Leverage	-1.214***	-0.997***	-1.083***
	(-5.576)	(-4.736)	(-4.444)
ROA	4.283***	3.736***	3.979***
	(6.607)	(5.831)	(5.425)
Sales Growth	-0.269***	-0.218***	-0.269***
	(-3.350)	(-2.852)	(-3.010)

续表 5-3

变量	lnPatent (1)	lnPatent1 (2)	lnPatent23 (3)
lnAge	-0.734***	-0.724***	-0.569***
	(-8.016)	(-8.096)	(-5.534)
Dual	0.697***	0.597***	0.663***
	(7.746)	(6.907)	(6.388)
IndRatio	1.467**	1.880***	1.106*
	(2.545)	(3.311)	(1.732)
TopHd	0.043***	0.037***	0.022**
	(4.571)	(4.077)	(1.961)
Constant	-15.701***	-14.465***	-17.189***
	(-18.196)	(-17.438)	(-18.157)
Year Effect	YES	YES	YES
Industry Effect	YES	YES	YES
观测值	10705	10705	10705

注：本表报告了政治关联对企业专利申请量的影响。其中，lnPatent、lnPatent1 以及 lnPatent23 分别是经过对数处理后的专利申请总量、发明专利申请量以及非发明专利申请量；lnAge 是 Age 的对数值；括号内为经过稳健性调整的 t 值；***、** 和 * 分别表示在 1%、5% 和 10% 的显著性水平上拒绝零假设。

控制变量的效应也与相关系数表以及以往文献基本一致。企业规模越大，创新成果的数量越多，质量也越高，这是由研发活动的本质属性决定的。研发活动需要巨额资金支持，由于创新成果具有不确定性而伴随巨大风险，研发活动的巨额固定成本和沉没成本使得大企业相对于中小企业有更高的抗风险能力，从而在创新成果方面占据优势（Lall，1992）；从融资约束的角度来说，规模越大的企业，自融资能力越强，创新活动的制约越少，就越有可能进行创新（周黎安、罗凯，2005）。资产负债率的系数显著为负，说明企业负债比例越高，创新成果越少，因为债权人偏好低风险的投资项目。资产收益率对创新产出的正向效应进一步说明企业的创新活动需要资金支持，企业盈利能力越强，开展的创新活动越多，创新成果也就可能越多，并且创新质量也可能越高。然而，企业销售额增长率却显著地降低了企业的创新产出，说明企业的创新活动是为攫取市场份额，当企业销售额增长速度加快时，企业创新的需求和动力减小。企业年龄对创新活动的影响也是显著为负的,随着年龄的增长,企业的创新动机减小,这与苏依依和周长辉(2008)的结论是一致的。此外,3个公司治理变量都显著地激励了企业创新,CEO与董事长两职合一提高了创新自由度,推动了创新决策的执行,独立董事有利于企业做出更高质量的创新决策,高管持股增加了管理层的创新激励。

5.4 扩展性分析

5.4.1 行业集中度的调节效应

接下来,我们引入行业集中度变量,考察政治关联与行业集中度对企业创新的交互影响。具体的估计模型(5-2)如下:

$$Innovation = \beta_0 + \beta_1 PC + \beta_2 HHI + \lambda_1 PC \times HHI + \gamma Control + \sum Industry + \sum Year + \varepsilon \quad (5-2)$$

在模型(5-2)中,我们关注交叉项的系数。如果 $\lambda_1 < 0$,则意味着在 HHI 较高的行业,即垄断行业中,政治关联企业相比非政治关联企业有更低的创新产出。

估计结果如表5-4所示。其中(1)~(3)列分别报告了政治关联和行业集中度对专利申请总量、发明专利申请量及非发明专利申请量的影响。结果显示,HHI 在边际上对专利申请量有负面的影响,即行业垄断程度越高,政治关联对企业创新的负面影响越显著。换言之,行业竞争在边际上对企业创新有正面激励效应,行业竞争程度的提升降低了政治关联对企业创新的抑制效果。这表明政治关联通过缓解来自市场竞争方面的压力导致企业创新动力不足,从而对企业创新造成负面冲击。当行业竞争激烈时,政治关联缓解市场压力的作用有限,因而对企业创新的抑制效果较小。

表5-4 政治关联、行业集中度与企业创新

变量	lnPatent	lnPatent1	lnPatent23
	(1)	(2)	(3)
PC	-0.115	0.103	-0.210**
	(-1.274)	(1.187)	(-2.089)

续表 5-4

变量	lnPatent (1)	lnPatent1 (2)	lnPatent23 (3)
HHI	2.092	0.701	3.454*
	(1.153)	(0.392)	(1.703)
PC×HHI	-1.710*	-1.842**	-1.883*
	(-1.768)	(-2.004)	(-1.853)
Size	0.754***	0.670***	0.771***
	(19.834)	(18.335)	(18.810)
Leverage	-1.211***	-1.001***	-1.074***
	(-5.561)	(-4.761)	(-4.408)
ROA	4.269***	3.719***	3.970***
	(6.589)	(5.816)	(5.415)
Sales Growth	-0.267***	-0.215***	-0.268***
	(-3.324)	(-2.809)	(-2.997)
lnAge	-0.738***	-0.729***	-0.574***
	(-8.071)	(-8.157)	(-5.591)
Dual	0.696***	0.594***	0.663***
	(7.724)	(6.879)	(6.376)
IndRatio	1.456**	1.863***	1.101*
	(2.529)	(3.283)	(1.727)
TopHd	0.043***	0.037***	0.022*
	(4.533)	(4.069)	(1.905)
Constant	-15.849***	-14.498***	-17.453***
	(-18.190)	(-17.359)	(-18.214)
Year Effect	YES	YES	YES
Industry Effect	YES	YES	YES
观测值	10705	10705	10705

注：本表报告了政治关联、行业集中度对企业专利申请量的影响。其中，lnPatent、lnPatent1 以及 lnPatent23 分别是经过对数处理后的专利申请总量、发明专利申请量以及非发明专利申请量；lnAge 是 Age 的对数值；括号内为经过稳健性调整的 t 值；***、** 和 * 分别表示在1%、5%和10%的显著性水平上拒绝零假设。

5.4.2 市场化进程的调节效应

本部分，我们进一步考察政治关联对企业创新的抑制程度是否受到地区市场化进程的影响。具体估计模型（5-3）如下：

$$Innovation = \beta_0 + \beta_1 PC + \beta_2 MktIndex + \lambda_1 PC \times MktIndex +$$
$$\gamma Control + \sum Industry + \sum Year + \varepsilon \quad (5-3)$$

从表5-5展示的回归结果来看，$MktIndex$ 的系数显著为正，而 $PC \times MktIndex$ 的系数为负但数值较小，说明 $MktIndex$ 对企业专利申请量的总效应为正，市场化水平的提高有利于推动企业创新的进程。同时，交互项系数在(1)列和(2)列中显著为负，表明市场化进程越高的地区，政治关联对企业创新的抑制作用越大。可能的原因是，市场化进程更高的地区，经济更发达，市场机制更加完善，通过政治资源攫取经济利益的成本更高，从而政治关联企业的创新活动受到更大的冲击。

将表5-4和表5-5对比可以发现，行业维度的市场竞争（行业集中度）与地区维度的市场竞争（地区市场化进程）对企业创新产出的边际效应相反，说明两种维度的市场竞争在政治关联对企业创新的影响过程中发挥着不同的作用。行业竞争程度的加剧，提高了企业的市场压力和创新动力，有利于缓解政治关联带来的负面效果；而地区竞争程度的提升，增加了企业寻租活动的成本，使得政治关联对企业创新活动产生更大的负面影响。

表5-5　政治关联、市场化进程与企业创新

变量	ln$Patent$ (1)	ln$Patent1$ (2)	ln$Patent23$ (3)
PC	0.221	0.461**	0.009
	(0.958)	(2.004)	(0.035)
$MktIndex$	0.206***	0.195***	0.159***
	(10.225)	(10.018)	(6.938)
$PC \times MktIndex$	-0.059**	-0.062**	-0.045
	(-2.144)	(-2.307)	(-1.435)
$Size$	0.709***	0.631***	0.738***
	(18.776)	(17.506)	(17.979)

续表 5-5

变量	ln$Patent$ (1)	ln$Patent1$ (2)	ln$Patent23$ (3)
$Leverage$	-1.188***	-0.982***	-1.067***
	(-5.508)	(-4.720)	(-4.393)
ROA	3.890***	3.312***	3.710***
	(6.033)	(5.246)	(5.037)
$Sales\ Growth$	-0.226***	-0.172**	-0.237***
	(-2.850)	(-2.292)	(-2.671)
lnAge	-0.788***	-0.763***	-0.615***
	(-8.724)	(-8.663)	(-6.038)
$Dual$	0.644***	0.546***	0.622***
	(7.137)	(6.284)	(5.960)
$IndRatio$	1.244**	1.714***	0.957
	(2.161)	(3.004)	(1.497)
$TopHd$	0.026***	0.022**	0.009
	(2.661)	(2.336)	(0.800)
$Constant$	-16.096***	-14.948***	-17.529***
	(-18.810)	(-18.147)	(-18.603)
Year Effect	YES	YES	YES
Industry Effect	YES	YES	YES
观测值	10705	10705	10705

注：本表报告了政治关联、市场化进程对企业专利申请量的影响。其中，ln$Patent$、ln$Patent1$ 以及 ln$Patent23$ 分别是经过对数处理后的专利申请总量、发明专利申请量以及非发明专利申请量；lnAge 是 Age 的对数值；括号内为经过稳健性调整的 t 值；***、** 和 * 分别表示在 1%、5% 和 10% 的显著性水平上拒绝零假设。

5.4.3 不同类型政治关联的异质效应

在本部分，我们进一步将政治关联区分为中央政治关联和地方政治关联，以考察不同类型的政治关联对企业创新的影响以及行业集中度的交互影响。为了避免双重政治关联对结果造成干扰，我们在分组时将这类观测值剔除。最终的回归结果列于表 5-6。

表 5-6 不同类型的政治关联、行业集中度与企业创新

变量	(1)	(2)	(3)	(4)	(5)	(6)
	lnPatent					
PC	-0.225*** (-3.539)			-0.115 (-1.274)		
PC_c		0.088 (0.776)			0.158 (0.928)	
PC_l			-0.243*** (-3.309)			-0.155 (-1.505)
HHI				2.092 (1.153)	0.608 (0.282)	0.330 (0.175)
$PC \times HHI$				-1.710* (-1.768)		
$PC_c \times HHI$					-1.098 (-0.597)	
$PC_l \times HHI$						-1.383 (-1.234)
$Size$	0.753*** (19.812)	0.786*** (17.503)	0.807*** (20.090)	0.754*** (19.834)	0.786*** (17.515)	0.807*** (20.081)
$Leverage$	-1.214*** (-5.576)	-0.951*** (-3.606)	-1.073*** (-4.598)	-1.211*** (-5.561)	-0.953*** (-3.610)	-1.076*** (-4.609)
ROA	4.283*** (6.607)	4.530*** (5.896)	4.449*** (6.357)	4.269*** (6.589)	4.528*** (5.893)	4.449*** (6.360)

续表 5-6

变量	\multicolumn{6}{c	}{lnPatent}
	(1)	(2)	(3)	(4)	(5)	(6)
Sales Growth	-0.269***	-0.266***	-0.286***	-0.267***	-0.265***	-0.286***
	(-3.350)	(-2.629)	(-3.331)	(-3.324)	(-2.619)	(-3.333)
lnAge	-0.734***	-0.720***	-0.706***	-0.738***	-0.720***	-0.706***
	(-8.016)	(-6.694)	(-7.227)	(-8.071)	(-6.697)	(-7.228)
Dual	0.697***	0.549***	0.728***	0.696***	0.549***	0.723***
	(7.746)	(5.291)	(7.449)	(7.724)	(5.286)	(7.396)
IndRatio	1.467**	1.520**	1.083*	1.456**	1.519**	1.058*
	(2.545)	(2.224)	(1.707)	(2.529)	(2.222)	(1.668)
TopHd	0.043***	0.056***	0.051***	0.043***	0.056***	0.051***
	(4.571)	(4.944)	(4.997)	(4.533)	(4.945)	(5.002)
Constant	-15.701***	-16.669***	-17.360***	-15.849***	-16.719***	-17.360***
	(-18.196)	(-16.172)	(-18.661)	(-18.190)	(-16.080)	(-18.478)
Year Effect	YES	YES	YES	YES	YES	YES
Industry Effect	YES	YES	YES	YES	YES	YES
观察测	10705	6724	9408	10705	6724	9408

注：本表报告了不同类型的政治关联对企业专利申请量的影响。其中，lnPatent 是经过对数处理后的专利申请总量；lnAge 是 Age 的对数值；括号内为经过稳健性调整的 t 值；***、** 和 * 分别表示在 1%、5% 和 10% 的显著性水平上拒绝零假设。

(1)～(3)列分别表示政治关联、中央政治关联和地方政治关联对企业专利申请总量的影响,(4)～(6)列依次表示对应的政治关联与行业集中度的交互影响。需要特别说明的是,在考察中央政治关联的影响时,剔除了存在地方政治关联的观测值;在考察地方政治关联的影响时,也剔除了存在中央政治关联的观测值。因此,(2)列和(4)列的样本是非地方政治关联的企业,而(3)列和(6)列的样本非中央政治关联的企业。从回归结果来看,地方政治关联显著地降低了企业创新产出,而中央政治关联对企业创新产出的影响不显著,说明地方政府更多地给企业带来了特殊权益,阻碍了企业通过创新获取经济利益的进程。交互效应的结果显示,行业竞争程度的加剧会在整体上降低政治关联对企业创新的抑制程度,但并不是特定地表现在哪一类存在单一政治关联类型(中央政治关联或地方政治关联)的企业。

地方政府关联与中央政府关联效果显著的反差,说明了地方政府在干预市场自由发展中扮演了有害的角色。在改革开放的进程中,地方政府获得了更多发展经济的自主权,中央政府只对少数程序如行业准入进行审批,企业大多数经营活动都由地方政府监督和管理,地方政府对企业经营活动的影响大于中央政府(吴文锋等,2008)。因此,地方政府对经济干预的程度更大,对企业创新造成了显著的负面影响。

5.5　本章小结

通过手工搜集整理的政治关联虚拟变量,本章考察了政治关联与企业创新产出之间的关系。研究发现,政治关联对企业创新有显著的抑制作用,并且主要体现在创新数量上。进一步地,本部分考察了政治关联与市场竞争的交互影响,发现行业维度的市场竞争(行业集中度)与地区维度的市场竞争(地区市场化进程)对企业创新产出的调节效应相反,行业竞争程度的提升缓解了政治关联对创新的负面影响,而地区市场化进程的提升则加剧了政治关联对创新的抑制效果。此外,根据政治关联的来源,将政治关联区分为中央政治关联和地方政治关联,探索了不同类型的政治关联对企业创新的异质效应,结果发现,政治关联对企业创新的抑制作用来自地方层面,地方政府在干预市场自由发展中扮演了主要的角色。

本章的结论对政府相关部门及企业战略的制定有参考意义。我国目前仍然处于经济转型升级的关键时期,政府对市场的干预程度仍然较大,通过寻求政治关联，企业可以获得多维度的经济利益。然而，政治关联给企业和国家带来的收益是有限的，它对企业创新造成的负面影响，对企业乃至国家的长远发展是不利的，因为只有创新，才能最终提升企业乃至国家的竞争力以及整个社会的福利。同时，这种负面效应在垄断程度高的行业、市场化进程高的地区尤为突出，说明在这类市场，政府要更加严格控制干预的程度。中央政治关联与地方政治关联的效应对比表明，地方政府在干预经济方面的力度过大；中央政府应避免过度放权，同时加大对地方政府干预经济、滥用职权做大业绩的行为进行监督与惩治的力度。

第 6 章
法律保护与企业创新的实证研究

6.1 引言

中华人民共和国成立至今，一直循序渐进地推进法治建设。营造有利于创新的法律和政策环境，是建设创新型国家的重要内容之一（成思危，2009）。我国相关知识产权的法律法规走过了 30 多年的发展历程。为了不断适应社会发展的需求，知识产权保护的相关法律法规被不断修订和补充，例如，《中华人民共和国商标法》分别于 1993 年、2001 年和 2013 年进行了 3 次修正；《中华人民共和国专利法》分别于 1992 年、2000 年和 2008 年进行了 3 次修正；国务院 2008 年正式颁布实施《国家知识产权战略纲要》，标志着知识产权战略已经成为我国重要的国家发展战略。在法治建设报告中，关于知识产权保护方面，基本包含三项内容：立法、执法和司法工作；2011 年，额外地增加了"专利、商标和版权工作"，细分出"开展打击侵犯知识产权专项行动""组织协调全国知识产权保护工作""探索知识产权保护长效机制"；随着对外开放的进程加深，2013 年，知识产权保护的领域还推进至国际合作。

以知识产权保护为核心的法律保护在激励企业自主创新方面发挥着至关重要的作用。若创新企业在短时间内获得其发明专利的垄断权，将极大鼓励创新活动的开展（Schumpeter，1934）。Loury（1979）指出，可能获得的垄断势力及相应的准租金能激励企业开展创新活动。企业是技术创新的主体，高新技术企业是技术创新的主要力量。美国的发展经验表明，其新经济与中小企业的技术创新活动密不可分。早在 1975 年，美国商务部就在报告中指出，美国 20 世纪有 60% 以上的具有开拓性的技术创新来自小企业和独立的发明家。因此，我们考察法律保护对我国中小企业的创新产出的影响，具有一定的代表意义。

在我国，企业所有制改革虽然推行多年，但国有企业与其他所有制企业相比，仍然占有更多资源，并且存在着预算软约束等问题（吴军、白云霞，2009），面对相同的法律保护程度，不同的所有制企业受到的激励可能存在差异，因此，我们进一步将样本分成国有企业和非国有企业两组，进一步考察法律保护在对企业创新的影响中，产权的调节效应。

此外，信任是市场经济最重要的道德基础（张维迎，2001）。信任是除物质资本和人力资本之外决定一个国家经济增长和社会进步的主要社会资本，是正式制度的替代，企业创新活动对法律保护的依赖程度也可能与信任相关，在信任度低的地区，更加需要借助法律的力量来打击侵权活动以激励企业创新，在信任度高的地区，企业创新对法律保护的依赖程度降低。

国外学者从理论上论证了法律保护与创新活动之间的关系。例如，Katz 和 Shapiro（1987）构建一个均衡的模型表明，企业研发强度会受到法律产权保护力度的影响，知识产权的授予能对企业参与研发活动产生激励，当产权保护力度不足时，企业会减少对创新活动的投入；Anton 等（2006）指出，专利权保护力度过弱，会导致模仿和侵权的可能性增加，从而使得企业创新激励减小，公开披露专利信息的意愿也降低；Chen 和 Puttitanun（2005）通过构建一个发展中国家的知识产权保护水平选择模型，来权衡模仿国外先进技术和鼓励国内创新，结果表明发展中国家的创新水平随着其知识产权保护水平的上升而提高，并利用 64 个发展中国家的面板数据证实了知识产权保护对创新的正面影响。

尽管大部分文献认为加强知识产权保护会延长垄断期限，从而增加创新激励，然而，加强知识产权保护引发的垄断定价可能导致均衡产量降低，从而降低对创新的激励（Furukawa，2007）。过于严格的知识产权保护可能给发展中国家的技术创新和社会福利带来负面影响，因为其所带来的收益可能需要较长时间才能体现出来（张平，2008）。知识产权保护对发展中国家的自主创新的激励效应还可能依赖于发展中国家的技能劳动水平（郭春野、庄子银，2012）。此外，知识产权保护的创新激励效果也可能因发展水平或行业而异。例如，知识产权保护对创新的影响非线性关系，且依赖于当前的知识产权保护水平和人均 GDP 水平（Hudson and Minea，2013）；对于生物技术、电子和医药等行业，适用严格的产权保护制度，而对于计算机软件、音乐、书籍和期刊等行业，适用宽松的保护制度（董雪兵、史晋川，2006）。

国外早期文献的实证研究结论支持专利保护对企业创新的正面影响。Licht 和 Zoz（1998）对德国企业的研究发现，对于研发支出较多的企业，专利保护对企业创新有很大的正面激励作用。Pazderka（1999）关于加拿大的一项加强专利保护力度改革的考察发现，该改革导致医药企业研发支出显著增加。Mansfield（1986）发现，如果缺乏对知识产权特别是专利权的保护，大部分行业的专利产出将显著下降，其中医药和化学行业受影响最大。

我国的实证研究大部分来自宏观层面，企业层面关于法律保护对创新的影响仍然匮乏。例如，易先忠等（2007）利用中国1987—2004年的数据进行经验分析，发现我国的技术进步以模仿为主，加强知识产权保护抑制模仿，不利于我国技术进步，但当我国技术提高到一定水平后，通过模仿促进技术进步的效应减弱，加强知识产权保护能够鼓励自主创新，从而增强国内技术进步速度；刘小鲁（2011）利用中国省际面板数据，得出了知识产权保护与自主研发比重呈现倒U形关系的结论。

因此，法律保护与企业创新的关系仍不明确，法律保护对中小企业专利产出的影响仍待考察。

6.2 数据来源及研究设计

6.2.1 样本选取

本章的专利数据来自中国专利数据库。该数据由He等（2013）利用中华人民共和国国家知识产权局（SIPO）公布的专利原始数据与上市公司数据依照人工匹配处理得到，包含从上市公司IPO年份开始到2010年期间，上市公司自身及其子公司、孙公司、合营企业和联营企业的专利申请数量，截至2012年1月的专利授予数量（只针对发明专利）和到期数量等数据。该数据不仅解决了专利数据与公司数据无法关联的问题，而且比直接对照上市公司下载获取的专利数据更加全面和准确。考虑到专利申请年份代表了真实的创新时间（Griliches et al.，1987；Tan et al.，2015），本章利用专利申请数量衡量创新。此外，现有文献认为，更具影响力、更高质量的专利的引用数量更多，专利引用次数可以作为专利质量的测度；然而，中国的国家专利数据库并未提供专利引用的信息，我们只能通过专利的独创性来衡量专利质量（Tan et al.，2015）。根据《中华人民共和国专利法》，发明专利是三类专利中最具独创性的，因此，我们选择发明专利申请量作为创新质量的代理变量；同时，也列出非发明专利申请量，即实用新型专利与外观设计专利申请量之和的回归结果作为对照。

本章的法律保护数据来源于中国经济改革研究基金会国民经济研究所公布

的《中国市场化指数——各地区市场化相对进程2011年报告》，该报告从五个方面对各省、自治区、直辖市1997—2009年的市场化进程进行了客观衡量，其中包括市场中介组织的发育和法律制度环境。其他数据来源于国泰安的CSMAR数据库。本章选择自主创新能力较强的中小板上市公司作为研究样本。在剔除金融类上市公司、某一年度或几个年度交易状态异常（ST、PT）以及相关数据缺失的样本后，最终得到的研究样本观测值为994个，样本期间为2004—2009年。为消除异常值对研究结论的干扰，所有变量都经过winsorize上下1%收尾处理。

6.2.2 变量定义

本章主要变量的归纳和定义如表6-1所示。

表6-1 变量定义

符号	名称	定义
$Patent$	专利申请量	专利申请总量，即发明专利、实用新型专利与外观设计专利申请之和
$Patent1$		发明专利申请量
$Patent23$		非发明专利申请量，即实用新型专利与外观设计专利申请数量之和
$Protect1$	法律保护	樊纲市场化指数中的"知识产权保护"
$Protect2$		樊纲市场化指数中的"律师、会计师等市场组织服务条件"
ROA	资产收益率	公司净利润与总资产的比值
$Size$	公司规模	公司期末资产总值的自然对数
$Leverage$	杠杆率	公司期末负债总值与资产总值的比值
Age	公司年龄	公司成立的年限，等于当前年度加1减去公司成立年份
$Dual$	两职合一	虚拟变量，CEO和董事长两职合一则取1，两职分离则取0
$IndRatio$	独立董事占比	独立董事人数与董事会规模的比例
$Tophd$（%）	高管持股比率	高管人员持股数量与总股本的百分比
$Trust$	信任	各省份加权信任指数（张维迎和柯荣住，2002）

6.3 实证结果分析

6.3.1 描述性统计

本章主要变量的描述性统计如表6-2所示。从表6-2可以看出,专利申请总量的最小值为0,中位数为2,平均值约为10.373,最大值为163,标准差约为24.128,说明不同企业的专利申请量差异很大;其中,发明专利申请量的平均值为2.934,低于专利申请平均总量的1/3,非发明专利申请量的平均值为6.943,可见,相对非发明专利,发明专利申请数量较少,表明发明专利因技术含量较高从而产出较低。各地区的知识产权保护水平最小值为0.57,最大值为53.51,平均值为22.005,中位数为22.87,与平均值相当,说明各地知识产权保护分布较均匀,但标准差为16.085,差异较大。律师、会计师等市场组织服务条件最小值为-12.27,最大值为10,平均值和中位数分别为6.315和6.71,标准差为1.629,差异较小。杠杆率最低为4.4%,最高达7.79%,平均为0.377。最年轻的企业成立已满1年,最资深的企业成立超过18年,平均企业年龄为7.623。大约30%的公司存在CEO和董事长两职合一的情况。独立董事占董事会的比例都分布在33.30%至50.00%之间。高管持股比率平均为8.975%,标准差为14.581,说明不同企业之间高管持股情况差异较大。

表6-2 描述性统计

变量	观测值	平均值	标准差	最小值	中位数	最大值
Patent	994	10.373	24.128	0	2	163
Patent1	994	2.934	6.807	0	0	47
Patent23	994	6.943	17.165	0	0	109
Protect1	994	22.005	16.085	0.57	22.87	53.51
Protect2	994	6.315	1.629	-12.27	6.71	10
ROA	994	0.064	0.046	-0.068	0.061	0.231
Size	994	20.746	0.735	19.408	20.640	23.127
Leverage	994	0.377	0.176	0.044	0.375	0.779

续表 6-2

变量	观测值	平均值	标准差	最小值	中位数	最大值
Age	994	7.623	3.406	2	7	19
Dual	994	0.301	0.459	0	0	1
IndRatio	994	0.363	0.043	0.333	0.333	0.500
Tophd（%）	994	8.975	14.581	0	1.417	63

6.3.2 知识产权保护与企业创新

在法律制度中，知识产权保护制度对于高新技术企业最为重要（王虎城，2002），因此，我们首先考察知识产权保护对企业创新的影响。由于企业的专利申请量总是大于或等于 0，即在 0 点是左删失的，所以，当因变量是专利申请量时，我们采用 Tobit 模型进行回归。回归模型 （6-1）、（6-2） 如下：

$$Innovation = \beta_0 + \beta_1 Protect_1 + \sum Industry + \sum Year + \varepsilon \quad (6-1)$$

$$Innovation = \beta_0 + \beta_1 Protect_1 + \gamma Control + \sum Industry + \sum Year + \varepsilon \quad (6-2)$$

表 6-3 列出了回归模型 （6-1）、（6-2） 的结果，（1）列和（2）列的因变量是专利申请总量，（3）列和（4）列的因变量是发明专利申请量，（5）列和（6）列的因变量是非发明专利申请量。单变量回归的结果［即（1）列、（3）列和（5）列］表明，知识产权保护对企业专利申请有显著的激励效应，无论是发明专利的申请还是实用新型专利与外观设计专利的申请，都与现有实证研究结果一致（Licht and Zoz, 1998；Mansfield, 1986）。加入控制变量后，β_1 的值在（2）列和（6）列中有所下降但仍然显著正相关，在（4）列中变得不显著，即知识产权保护显著影响实用新型专利和外观设计专利申请，而对发明专利的影响不明显，说明与实用新型专利和外观设计专利相比，发明专利较少受到知识产权保护的影响。结合我国专利分类的实际，相对于实用新型专利和外观设计专利，发明专利技术含金量较高，难以被抄袭和模仿，因而较少受到侵权的影响。此外，一方面，知识产权保护力度不足会挫伤企业自主创新的积极性；另一方面，知识产权保护过于严格导致技术不成熟的企业难以开展技术含量较高、更具创造性的创新活动，从而会在一定程度上抑制发明专利。

表6-3 知识产权保护与企业创新的回归结果

变量	lnPatent		lnPatent1		lnPatent23	
	(1)	(2)	(3)	(4)	(5)	(6)
Protect1	0.016***	0.014***	0.008**	0.004	0.012**	0.011**
	(3.613)	(3.159)	(1.971)	(1.120)	(2.496)	(2.285)
ROA		4.453***		4.917***		2.838
		(2.838)		(3.575)		(1.492)
Size		0.497***		0.419***		0.513***
		(4.201)		(3.903)		(4.044)
Leverage		0.426		0.723		0.133
		(0.795)		(1.505)		(0.220)
lnAge		-0.074		0.221		-0.243
		(-0.473)		(1.619)		(-1.394)
Dual		0.135		0.197		0.135
		(0.880)		(1.418)		(0.790)
IndRatio		0.018		0.751		0.432
		(0.012)		(0.546)		(0.244)
Tophd		0.001		0.003		-0.002
		(0.236)		(0.715)		(-0.417)
Industry Effect	YES	YES	YES	YES	YES	YES
Year Effect	YES	YES	YES	YES	YES	YES
Constant	-0.743	-11.124***	-0.948*	-10.674***	-1.430**	-11.775***
	(-1.308)	(-4.549)	(-1.833)	(-4.800)	(-2.205)	(-4.488)
观测值	994	994	994	994	994	994

注:本表报告了知识产权保护对企业专利申请量的影响。其中,lnAge为Age的对数值,括号内为经过稳健性调整的t值;***、**和*分别表示在1%、5%和10%的显著性水平上拒绝零假设。

ROA 对发明专利的影响显著正相关，对其他两种专利的影响不显著，说明发明专利的开发过程更加需要资金支持；Size 的系数均显著为正，表明规模更大的企业参与了更多的创新活动。Leverage 的系数为正，与相关系数不一致，可能的原因是，中小企业的创新活动在很大程度上受制于资金，当企业能够获得债务融资时，企业创新活动得以顺利进行；lnAge 的系数的符号与相关系数表中反映的一致，且都不显著，说明中小企业的创新活动并没有明显地受到企业年龄影响；3 个公司治理的变量的系数都不显著，说明中小企业的创新活动更多地受制于其他因素，而较少受到 CEO 与董事长两职合一状况、独立董事占比以及高管持股情况的影响。

6.3.3 稳健性检验

为了考察上述结果的稳定性，我们利用另一个法律保护的指标——律师、会计师事务所等市场组织服务条件代替上述模型中的知识产权保护，对以下两个模型依次进行回归：

$$Innovation = \beta_0 + \beta_2 Protect_2 + \sum Industry + \sum Year + \varepsilon \quad (6-3)$$

$$Innovation = \beta_0 + \beta_2 Protect_2 + \gamma Control + \sum Industry + \sum Year + \varepsilon \quad (6-4)$$

回归结果见表 6-4 所示。从该表可以看出，市场组织服务条件显著地提升了各类专利申请量，这与前面相关系数反映的信息是统一的。

将表 6-3 与表 6-4 对比可以看出，市场组织服务条件衡量的法律保护与知识产权保护衡量的法律保护，对企业创新的影响基本一致，不同的是，在对其他相关变量进行控制后，市场组织服务条件对发明专利申请的影响仍然显著，表明市场组织服务条件在帮助企业维权的同时，在专利的申请环节也发挥了良好的辅助作用。与表 6-3 反映的信息一样，发明专利的申请显著受到资产收益率的影响，企业规模越大，创新产出越高，其他控制变量的系数均不显著。

市场组织服务条件对各类专利申请量的影响均显著且一致，表明了律师、会计师事务所等市场中介组织在企业创新过程中发挥着积极的正面作用。完善市场中介组织的建设，有助于引导和辅助企业进行自主创新。

表6-4 市场组织服务条件与企业创新的回归结果

变量	lnPatent		lnPatent1		lnPatent23	
	(1)	(2)	(3)	(4)	(5)	(6)
Protect2	0.166***	0.155***	0.115***	0.090**	0.152**	0.151***
	(3.337)	(3.166)	(2.637)	(2.035)	(2.578)	(2.657)
ROA		4.398***		4.848***		2.800
		(2.767)		(3.504)		(1.465)
Size		0.516***		0.426***		0.528***
		(4.341)		(3.976)		(4.143)
Leverage		0.429		0.721		0.136
		(0.798)		(1.495)		(0.223)
lnAge		-0.076		0.209		-0.243
		(-0.487)		(1.528)		(-1.395)
Dual		0.134		0.188		0.130
		(0.880)		(1.370)		(0.763)
IndRatio		-0.149		0.675		0.263
		(-0.094)		(0.488)		(0.148)
Tophd		0.001		0.003		-0.003
		(0.193)		(0.589)		(-0.482)
Industry Effect	YES	YES	YES	YES	YES	YES
Year Effect	YES	YES	YES	YES	YES	YES
Constant	-1.132*	-11.802***	-1.214**	-10.956***	-1.752***	-12.332***
	(-1.958)	(-4.802)	(-2.318)	(-4.956)	(-2.650)	(-4.676)
观测值	994	994	994	994	994	994

注:本表报告了律师、会计师等市场组织服务条件对企业专利申请量的影响。其中,lnAge为Age的对数值;括号内为经过稳健性调整的t值;***、**和*分别表示在1%、5%和10%的显著性水平上拒绝零假设。

表6-5 法律保护与企业创新：产权的影响

变量	lnPatent 全样本 (1)	lnPatent 国有企业 (2)	lnPatent 非国有企业 (3)	lnPatent 全样本 (4)	lnPatent 国有企业 (5)	lnPatent 非国有企业 (6)
Protect1	0.013***	0.024*	0.009*			
	(3.061)	(1.726)	(1.898)			
Protect2				0.156***	0.113	0.125**
				(3.132)	(0.900)	(2.258)
ROA	4.456***	2.424	3.619**	4.393***	3.914	3.393*
	(2.829)	(0.589)	(1.983)	(2.752)	(0.981)	(1.851)
Size	0.496***	0.311	0.578***	0.515***	0.375	0.593***
	(4.016)	(1.054)	(4.304)	(4.165)	(1.260)	(4.420)
Leverage	0.515	−2.956*	1.055*	0.522	−2.685*	1.073*
	(0.957)	(−1.950)	(1.823)	(0.966)	(−1.832)	(1.849)
lnAge	−0.079	−0.445	−0.084	−0.081	−0.335	−0.098
	(−0.505)	(−1.033)	(−0.493)	(−0.519)	(−0.737)	(−0.578)
Dual	0.127	1.111**	−0.071	0.124	0.963**	−0.066
	(0.822)	(2.244)	(−0.429)	(0.809)	(2.029)	(−0.403)

续表 6-5

变量	lnPatent			lnPatent		
	全样本	国有企业	非国有企业	全样本	国有企业	非国有企业
	(1)	(2)	(3)	(4)	(5)	(6)
IndRatio	-0.094	-0.450	-0.129	-0.249	0.003	-0.309
	(-0.059)	(-0.087)	(-0.079)	(-0.156)	(0.001)	(-0.188)
Tophd	0.001	-0.023	0.004	0.001	-0.027	0.004
	(0.253)	(-0.675)	(0.745)	(0.214)	(-0.754)	(0.696)
Industry Effect	YES	YES	YES	YES	YES	YES
Year Effect	YES	YES	YES	YES	YES	YES
Constant	-11.068***	-5.310	-12.952***	-11.759***	-7.495	-13.411***
	(-4.361)	(-0.953)	(-4.647)	(-4.629)	(-1.358)	(-4.809)
观测值	983	239	744	983	239	744

注：本表报告了法律产权保护在不同产权归属的企业中对企业专利申请量的影响。其中，lnAge 为 Age 的对数值；括号内为经过稳健性调整的 t 值，***、** 和 * 分别表示在 1%、5% 和 10% 的显著性水平上拒绝零假设。

6.4 扩展性分析

6.4.1 产权的调节效应

我国企业所有制改革虽然推行多年，但国有企业与其他所有制企业相比，在资源禀赋等方面仍然存在差异。因此，在本部分，我们首先考察法律保护对企业创新的影响是否因产权而异。我们将所有权明确的观测值提取出来，分为国有企业样本和非国有企业样本两组，分别对模型（6-2）和模型（6-4）进行回归，并用全样本作为参照，因变量是对数处理后的专利申请总量。从列表6-5的回归结果来看，知识产权保护对国有企业和非国有企业的创新活动都有显著的正面激励效应，而市场组织服务条件只对非国有企业的创新活动有显著的正向作用。这可能是因为国有企业有更多的资源优势，自身设立专门的律师、会计师等岗位，聘请相关专业人员，或与这类市场组织保持长期稳定的合作，其企业专利申请活动较少地受到整个地区层面的市场中介组织服务条件的约束。

6.4.2 信任的调节效应

信任是正式制度的替代，企业创新活动对法律保护的依赖程度也可能与信任相关。本章最后考察信任是否会影响企业创新对法律保护的依赖程度。利用张维迎和柯荣住（2002）发布的信任指数[①]，我们依次进行了以下4个回归，因变量是对数处理后的专利申请总量，回归结果依次列于表6-6中。

$$Innovation = \beta_0 + \beta_1 Protect_1 + \lambda_0 Trust + \gamma Control + \sum Industry + \sum Year + \varepsilon \tag{6-5}$$

$$Innovation = \beta_0 + \beta_1 Protect_1 + \lambda_0 Trust + \lambda_1 Protect_1 \times Trust + \gamma Control + \sum Industry + \sum Year + \varepsilon \tag{6-6}$$

$$Innovation = \beta_0 + \beta_2 Protect_2 + \lambda_0 Trust + \gamma Control + \sum Industry + \sum Year + \varepsilon \tag{6-7}$$

---

① 该指数是一个分地区（省/自治区/直辖市）的截面数据，基于各地区信任度比较稳定的考虑，我们直接将其扩充为面板数据。我们还用信任指数的相对排序（序数除以样本数）替换信任指数，结果基本一致，为节省篇幅，未在文中展示。

$$Innovation = \beta_0 + \beta_2 Protect_2 + \lambda_0 Trust + \lambda_2 Protect_2 \times Trust +$$
$$\gamma Control + \sum Industry + \sum Year + \varepsilon \qquad (6-8)$$

从回归结果可以看出，信任对专利申请量的直接影响不显著，然而，无论是知识产权保护还是市场组织服务条件衡量的法律保护，信任都与之产生了显著为负的交互影响。当地区层面的信任不足时，法律保护在更高的程度上激励了企业创新，说明在信任程度低的地区，企业创新对法律保护的依赖程度更高，更要加强产权保护方面的法治建设，使法律保护成为企业开展创新活动的制度支持；而在高信任度的地区，企业创新活动则不需要过于严格的法律保护机制给予保障。这与张维迎和柯荣住（2002）中"不同信任度的社会，有效率的大规模组织的发展对政府力量的依赖程度不一样"的论断是一致的。

表6-6 法律保护与企业创新：信任的影响

变量	lnPatent		lnPatent	
	(1)	(2)	(3)	(4)
Trust	0.060	0.435	-0.031	1.009*
	(0.354)	(1.573)	(-0.164)	(1.880)
Protect1	0.012**	0.023***		
	(2.239)	(3.007)		
Protect1 × Trust		-0.016*		
		(-1.854)		
Protect2			0.164**	0.243***
			(2.330)	(2.868)
Protect2 × Trust				-0.144**
				(-2.101)
ROA	4.432***	4.579***	4.405***	4.550***
	(2.828)	(2.914)	(2.772)	(2.856)
Size	0.498***	0.493***	0.517***	0.515***
	(4.206)	(4.185)	(4.346)	(4.345)
Leverage	0.441	0.348	0.422	0.314
	(0.813)	(0.641)	(0.774)	(0.580)
LnAge	-0.076	-0.065	-0.075	-0.045
	(-0.482)	(-0.418)	(-0.482)	(-0.288)

续表 6-6

变量	lnPatent		lnPatent	
	(1)	(2)	(3)	(4)
Dual	0.130	0.113	0.136	0.104
	(0.841)	(0.727)	(0.887)	(0.676)
IndRatio	−0.001	0.164	−0.147	−0.003
	(−0.001)	(0.103)	(−0.093)	(−0.002)
Tophd	0.001	0.001	0.001	0.001
	(0.212)	(0.135)	(0.202)	(0.137)
Industry Effect	YES	YES	YES	YES
Year Effect	YES	YES	YES	YES
Constant	−11.171***	−11.445***	−11.813***	−12.535***
	(−4.565)	(−4.690)	(−4.802)	(−5.087)
观测值	994	994	994	994

注：本表报告了法律产权保护、信任对企业专利申请量的影响。其中，ln*Age* 是 *Age* 的对数值；括号内为经过稳健性调整的 t 值；***、**和*分别表示在1%、5%和10%的显著性水平上拒绝零假设。

6.5 本章小结

结合樊纲等（2011）的地区法律保护指数，本章采用 Tobit 回归模型考察了法律保护对企业创新的影响及可能的作用机制。在控制了资产回报率、公司规模、杠杆率、企业年龄等一系列公司特征变量后，我们发现，知识产权保护显著提升了企业创新产出，且这种关系在国有企业与非国有企业均成立，说明无论对于何种产权的企业，加大本地区范围内的知识产权保护力度都是激励企业创新的有效途径。律师、会计师事务所等市场组织服务条件在企业创新活动中也发挥着重要的激励作用，但只对非国有企业存在显著影响，间接说明国有企业在律师、会计师事务所等市场中介组织方面占有资源优势，专利申请活动较少受制于整个地区层面的市场中介组织服务条件。

此外，我国的自主创新程度仍然较低，严格的知识产权保护对技术含量较高的创新活动有一定的抑制作用，使得知识产权保护对企业发明专利申请量的影响不显著。进一步，我们还发现，法律保护在信任度低的地区发挥了更显著的创新激励作用。

本章的结论对政府部门，尤其是地方政府机构的政策制定具有明晰的参考意义。加大法律保护的力度，加强知识产权保护，发展律师、会计师事务所等市场中介组织，有助于激励中小企业开展创新活动，提高创新产出。尤其是信任程度低的地区，法律制度更是经济活动开展的必备条件，加强低信任度地区的法治建设，对当地的企业创新活动有更大的激励效应。

第 7 章
研究结论与研究展望

7.1 研究结论和数据说明

7.1.1 研究结论

本书的研究分别从有形激励和无形激励、非正式制度和正式制度的视角研究了企业内部激励环境和外部制度环境对企业创新的影响,得出了以下四个结论。

第一,关于企业薪酬差距的经济后果,存在两种竞争性的理论,即锦标赛理论和比较理论。本书在第 3 章利用企业内部薪酬差距,考察了有形激励对企业创新的影响。实证结果表明,锦标赛理论在企业内部薪酬差距与创新产出的关系中占主导地位,企业设立等级薪酬制度,形成较大的内部薪酬差距,能够促进企业创新。在利用省级最低工资水平做工具变量对模型进行两阶段回归后,结果依然成立。但非线性效应的回归结果表明,随着薪酬差距的扩大,比较理论的作用也逐渐凸显。进一步将企业薪酬差距分解以分离来自管理层和员工层面的影响。结果表明,内部薪酬差距对创新的促进效应主要由管理层薪酬溢价驱动,员工薪酬溢价反而对企业创新造成负面影响,并且这种负面作用在人力资本低的企业以及非国有企业更加显著。

第二,本书的第 4 章从企业内部激励环境的另一个视角——无形激励对企业创新产出进行了研究。本研究利用公司财务数据构造了组织资本变量,考察了组织资本对企业创新的影响,并进一步考察了产权属性、行业竞争以及薪酬差距的调节效应。实证结果表明,加大组织资本的投入、形成丰厚的组织资本,对企业创新有推动作用。组织资本的创新效果在不同类型的企业间有所差异。

非国有控股的产权属性、激烈的行业竞争和较大的薪酬差距，在组织资本与企业创新的关系中发挥正向的调节效应。此外，组织资本能够显著提高企业创造性破坏的水平，这可能是组织资本促进企业创新的有效途径之一。

第三，第5章从一种非正式制度——政治关联的视角对企业创新进行了研究，并进一步考察了行业竞争、地区市场化进程所带来的边际影响。实证研究发现，企业的政治关联显著地抑制企业创新，表明建立和维护政治关联会影响企业的资源配置，削弱企业在创新能力建设方面的努力。并且，这种抑制作用因企业所在行业的竞争程度或所在地区的市场化进程不同而表现出差异。具体来说，在竞争更激烈的行业，政治关联对企业创新的负面效应更弱；在市场化进程更高的地区，政治关联的负面影响越大。在将政治关联区分为中央政治关联和地方政治关联后，发现负面影响主要来自地方层面。

第四，第6章考察了正式制度的创新效应，发现企业所在地区的法律环境显著影响企业创新。以知识产权保护、市场服务组织服务条件测度的法律保护水平，对企业创新有明显的促进效果。然而，律师、会计师事务所等市场组织服务条件的提高，对国有企业创新产出的影响不显著，可能是因为国有企业在市场组织服务方面占有资源优势，较少受到其约束。法律保护作为一种正式制度，能够替代社会资本发挥作用。在社会资本不足，即信任程度较低的地区，法律保护对企业创新的促进作用更大。

7.1.2 数据说明

对于本研究实证分析中所用到的数据，特做出以下说明：第5章的政治关联数据，是根据高管简历手工搜集的，数据截止到2009年；第6章的法律保护数据来源于樊纲市场化指数，在2010年之后口径进行了调整，因此数据也截止到2009年；各章所用的专利数据，均为手工搜集，截止于2012年。一方面，经济学的规律并不会随着时间发生明显变化。在经济学研究中，由于数据的稀缺，某些数据库历时多年依然广泛地被学者开发利用，例如，中国工业企业数据库的数据以1998年至2007年为代表，部分变量更新到2013年，近两年依然有相关文献刊于《中国社会科学》《经济研究》等社会科学综合或经济学顶级刊物。另一方面，2000年以来，我国的社会环境、经济环境并未发生重大变革。由此可见，本文的研究结论在当前依然具有一定的借鉴性和适用性。

7.2 政策启示

我国目前仍然处于经济转型升级的关键时期，企业创新关系到我国建设创新型国家目标的实现。本研究对企业内外部环境作用于企业创新的机制进行了理论分析和实证研究，研究结论对企业发展及产业政策制定有积极的启示，为监管者和企业提供了明晰的建议，对政府相关部门及企业战略的制定有参考意义。

第一，制定合理的薪酬方案使得企业薪酬差距维持在相对较高的水平，能够促进企业创新。高管薪酬溢价能够有效缓解代理冲突，激励高管进行创新，而员工薪酬溢价却会挤占企业资源，抑制企业创新。对于人力资本较低的企业或者非国有企业而言，设定高于行业中位数水平的员工工资对企业创新活动是不利的。本研究结果表明，在薪酬差距不大的前提下，政策制定者需要在公平与效率之间做出权衡。

第二，通过形成企业合理的组织结构、制度规范，以及建设企业组织文化等增加企业的组织资本，能够提高企业的创新能力，从而提升企业的竞争力，对技术进步和企业的长远发展有深远的意义。通过引导国有企业改革、改善国有企业的人事制度、减少人员冗余，以及设立合理的薪酬制度、维持较大的企业内部薪酬差距等措施改善公司治理，提高员工的激励水平，能够促进组织资本发挥更大的创新效果。减少政府管制、建设以市场为主导的行业竞争机制，也有利于提高组织资本的利用效率，加强组织资本对企业创新的推动作用。

第三，尽管通过寻求政治关联，企业可以获得多维度的经济利益，但政治关联给企业乃至国家带来的收益是有限的，它对企业创新造成的负面影响，长期看来对企业乃至国家的长远发展是不利的；同时，这种负面效应在垄断程度高的行业、市场化进程高的地区尤为突出，说明在这类市场，政府要更加严格控制干预的程度。中央政治关联与地方政治关联的效应对比表明，地方政府在干预经济方面的力度过大，中央政府应避免过度放权，同时加大力度对地方政府干预经济、滥用职权做大业绩的行为进行监督与惩治。

第四，加大法律保护的力度，加强知识产权保护，发展律师、会计师事务所等市场中介组织，有助于激励中小企业开展创新活动，提高创新产出。尤其是在信任程度低的地区，法律制度更是经济活动开展的必备条件，加强低信任度地区的法治建设，对当地的企业创新活动有更大的激励效应。

7.3 研究局限和研究展望

7.3.1 研究局限

本研究的局限主要有以下两个方面。

第一,在本书的第3章,尽管本研究的结论支持了锦标赛理论,但并不能排除薪酬差距对企业创新可能产生的负面效应。本研究的实证检验只展示出了薪酬差距对创新产出的"净效应"。事实上,在薪酬差距影响创新的过程中,锦标赛理论和比较理论可能同时发挥了作用,只是前者占主导地位。

第二,在本书的第4章,本研究参照国外前沿方法对组织资本进行了定量估计,但是,这一测度仍然存在噪音。并且,关于组织资本的内生性问题,暂时还未找到很好的识别方法对其进行处理,这将是未来研究中需要改进之处。

7.3.2 研究展望

在本研究现有框架的基础上,未来可能在以下几个方面开展研究。

本研究是关于公司内部机制对企业创新的影响,选取企业内部薪酬差距和组织资本两个视角,前者反映了高管和普通员工之间的利益冲突,后者反映了高管和员工之间的利益一致性,体现了第一类委托代理问题的缓解方法。因此,在下一步的研究中,可以尝试找到第二类委托代理问题的视角,考察控股股东和中小股东之间利益冲突对企业创新的影响,从而进一步完善我们的研究体系。

目前,本研究对企业外部制度与企业创新关系的考察,选取了政治关联和法律保护两个视角,其中法律保护的测度还比较抽象。在未来的研究中,将选取更具体、更微观的视角以及干扰更少的研究场景,来更细化、更深入地探讨制度对创新的影响。

参 考 文 献

[1] ACHARYA V V, SUBRAMANIAN K V. Bankruptcy codes and innovation [J]. Review of financial studies, 2009, 22 (12): 4949 - 4988.

[2] ADAMS J S. Inequity in social exchange [J]. Advances in experimental social psychology, 1965 (2): 267 - 299.

[3] ADHIKARI A, DERASHID C, ZHANG H. Public policy, political connections, and effective tax rates: Longitudinal evidence from Malaysia [J]. Journal of accounting and public policy, 2006, 25 (5): 574 - 595.

[4] AGHION P, BLOOM N, BLUNDELL R, et al. Competition and innovation: an inverted relationship [J]. The quarterly journal of economics, 2005, 120 (2): 701 - 728.

[5] AGHION P, HOWITT P. A model of growth through creative destruction [J]. Econometrica, 1992, 60 (2): 323 - 351.

[6] AGHION P, HOWITT P. Appropriate growth policy: a unifying framework [J]. Journal of the European economic association, 2006, 4 (2 - 3): 269 - 314.

[7] AGHION P, VAN REENEN J, ZINGALES L. Innovation and institutional ownership [J]. The American economic review, 2013, 103 (1): 277 - 304.

[8] ANTON J, GREENE H, YAO D. Policy implications of weak patent rights [J]. Innovation policy and the economy, 2006, 6: 1 - 26.

[9] ARROW K. Economic welfare and the allocation of resources for invention [M] //The rate and direction of inventive activity: Economic and social factors. Princeton: Princeton University Press, 1962: 609 - 626.

[10] ATKESON A, KEHOE P J. Modeling and measuring organization capital [J]. Journal of political economy, 2005, 113 (5): 1026 - 1053.

[11] BANKER R D, BU D, MEHTA M N. Pay gap and performance in China [J].

Abacus, 2016, 52 (3): 501 -531.

[12] BASU S, FERNALD J G, OULTON N, et al. The case of the missing productivity growth, or does information technology explain why productivity accelerated in the united states but not in the United Kingdom? [J]. NBER macroeconomics annual, 2003, 18: 9 -63.

[13] BELLOC F. Corporate governance and innovation: a survey [J]. Journal of economic surveys, 2012, 26 (5): 835 -864.

[14] BERLE A A, MEANS G C. The modern corporation and private property [M]. New York: Macmillan, 1932: 1 -434.

[15] BERNSTEIN S. Does going public affect innovation? [J]. The journal of finance, 2015, 70 (4): 1365 -1403.

[16] BHATTACHARYA U, HSU P-H, TIAN X, et al. What affects innovation more: policy or policy uncertainty? [J]. Journal of financial and quantitative analysis, 2017, 52 (5): 1869 -1901.

[17] BLACK S E, LYNCH L M. Measuring organizational capital in the new economy [M] //Measuring capital in the new economy. Chicago: University of Chicago Press, 2005: 205 -236.

[18] BLOOM M, MICHEL J G. The relationships among organizational context, pay dispersion, and among managerial turnover [J]. Academy of management journal, 2002, 45 (1): 33 -42.

[19] BOTTAZZI L, PERI G. Innovation and spillovers in regions: evidence from European patent data [J]. European economic review, 2003, 47 (4): 687 -710.

[20] BRADLEY D, KIM I, TIAN X. Do unions affect innovation? [J]. Management science, 2016, 63 (7): 2251 -2271.

[21] BRANSTETTER L G, FISMAN R, FOLEY C F. Do stronger intellectual property rights increase international technology transfer? empirical evidence from U. S. firm-level panel data [J]. Quarterly journal of economics, 2006, 121 (1): 321 -349.

[22] BRAV A, JIANG W, MA S, et al. How does hedge fund activism reshape corporate innovation? [J]. Journal of financial economics, 2018, 130 (2): 237 -264.

[23] BRUNNERMEIER S B, COHEN M A. Determinants of environmental innova-

tion in US manufacturing industries [J]. Journal of environmental economics and management, 2003, 45 (2): 278 – 293.

[24] BRYSON A, FORTH J, ZHOU M. Same or different? The CEO labour market in china's public listed companies [J]. The economic journal, 2014, 124 (574): F90 – F108.

[25] CHANG X, FU K, LOW A, et al. Non-executive employee stock options and corporate innovation [J]. Journal of financial economics, 2015a, 115 (1): 168 – 188.

[26] CHANG X, HILARY G, KANG J-K, et al. Innovation, managerial myopia, and financial reporting [EB/OL]. (2015 – 04 – 07) [2020 – 04 – 19]. http://dx.doi.org/10.2139/ssrn.2189938.

[27] CHANG X, MCLEAN R D, ZHANG B, et al. Do patents portend productivity growth? global evidence from private and public firms [EB/OL]. (2018 – 08 – 04) [2020 – 04 – 19]. http://dx.doi.org/10.2139/ssrn.2371600.

[28] CHEMMANUR T J, LOUTSKINA E, TIAN X. Corporate venture capital, value creation, and innovation [J]. Review of financial studies, 2014, 27 (8): 2434 – 2473.

[29] CHEMMANUR T J, TIAN X. Doantitakeover provisions spur corporate innovation? A regression discontinuity analysis [J]. Journal of financial and quantitative analysis, 2018, 53 (3): 1163 – 1194.

[30] CHEN C J, LI Z, SU X, et al. Rent-seeking incentives, corporate political connections, and the control structure of private firms: Chinese evidence [J]. Journal of corporate finance, 2011, 17 (2): 229 – 243.

[31] CHEN Y, PUTTITANUN T. Intellectual property rights and innovation in developing countries [J]. Journal of development economics, 2005, 78 (2): 474 – 493.

[32] CHEN Y-S, JAMES LIN M-J, CHANG C-H. The influence of intellectual capital on new product development performance: the manufacturing companies of Taiwan as an example [J]. Total quality management and business excellence, 2006, 17 (10): 1323 – 1339.

[33] CHENG L T W, LEUNG T Y. Government protection, political connection and management turnover in China [J]. International review of economics & finance, 2016, 45: 160 – 176.

[34] CHEUNG K-Y, PING L. Spillover effects of FDI on innovation in China: evidence from the provincial data [J]. China economic review, 2004, 15 (1): 25-44.

[35] CHU Y, TIAN X, WANG W. Corporate innovation along the supply chain [J]. Management science, 2019, 65 (6): 2445-2466.

[36] CHUN H, KIM J-W, MORCK R, et al. Creative destruction and firm-specific performance heterogeneity [J]. Journal of financial economics, 2008, 89 (1): 109-135.

[37] CLAESSENS S, FEIJEN E, LAEVEN L. Political connections and preferential access to finance: the role of campaign contributions [J]. Journal of financial economics, 2008, 88 (3): 554-580.

[38] COASE R H. The nature of the firm [J]. Economica, 1937, 4 (16): 386-405.

[39] CORNAGGIA J, MAO Y, TIAN X, et al. Does banking competition affect innovation? [J]. Journal of financial economics, 2015, 115 (1): 189-209.

[40] COWHERD D M, LEVINE D I. Product quality and pay equity between lower-level employees and top management: an investigation of distributive justice theory [J]. Administrative science quarterly, 1992, 37 (2): 302-320.

[41] CREPON B, DUGUET E. Estimating the innovation function from patent numbers: GMM on count panel data [J]. Journal of applied econometrics, 1997, 12 (3): 243-263.

[42] CROSBY F. Relative deprivation in organizational settings [J]. Research in organizational behavior, 1984, 6: 51-93.

[43] DAI L, SHEN R, ZHANG B. Does the media spotlight burn or spur innovation [EB/OL]. (2020-03-23) [2020-04-19]. http://dx.doi.org/10.2139/ssrn.3037838.

[44] DAI Y, KONG D, XU J. Does fairness breed efficiency? Pay gap and firm productivity in China [J]. International review of economics & finance, 2017, 48: 406-422.

[45] DAKHLI M, DE CLERCQ D. Human capital, social capital, and innovation: a multi-country study [J]. Entrepreneurship & regional development, 2004, 16 (2): 107-128.

[46] DAMANPOUR F. Organizational innovation: a meta-analysis of effects of deter-

minants and moderators [J]. Academy of management journal, 1991, 34 (3): 555 – 590.

[47] DRACA M, MACHIN S, VAN REENEN J. Minimum wages and firm profitability [J]. American economic journal: applied economics, 2011, 3 (1): 129 – 151.

[48] EDERER F, MANSO G. Is pay for performance detrimental to innovation? [J]. Management science, 2013, 59 (7): 1496 – 1513.

[49] EISFELDT A L, PAPANIKOLAOU D. Organization capital and the cross-section of expected returns [J]. The journal of finance, 2013, 68 (4): 1365 – 1406.

[50] EVENSON R E, WESTPHAL L E. Technological change and technology strategy [J]. Handbook of development economics, 1995, 3: 2209 – 2299.

[51] FACCIO M. Politically connected firms [J]. American economic review, 2006, 96 (1): 369 – 386.

[52] FACCIO M, MASULIS R W, MCCONNELL J. Political connections and corporate bailouts [J]. The journal of finance, 2006, 61 (6): 2597 – 2635.

[53] FALEYE O, REIS E, VENKATESWARAN A. The determinants and effects of CEO-employee pay ratios [J]. Journal of banking & finance, 2013, 37 (8): 3258 – 3272.

[54] FAMA E F, JENSEN M C. Separation of ownership and control [J]. The journal of law and economics, 1983, 26 (2): 301 – 325.

[55] FAN J P, WONG T J, ZHANG T. Politically connected CEOs, corporate governance, and post-IPO performance of China's newly partially privatized firms [J]. Journal of financial economics, 2007, 84 (2): 330 – 357.

[56] FANG T, LIN C. Minimum wages and employment in China [J]. IZA journal of labor policy, 2015, 4 (1): 1 – 30.

[57] FANG V W, TIAN X, TICE S. Does stock liquidity enhance or impede firm innovation? [J]. The journal of finance, 2014, 69 (5): 2085 – 2125.

[58] FESTINGER L. A theory of social comparison processes [J]. Human relations, 1954, 7 (2): 117 – 140.

[59] FIRTH M, LEUNG T, RUI O, et al. Relative pay and its effects on firm efficiency in a transitional economy [J]. Journal of economic behavior & organization, 2015, 110: 59 – 77.

[60] FISMAN R. Estimating the value of political connections [J]. American economic review, 2001, 91 (4): 1095-1102.

[61] FURUKAWA Y. The protection of intellectual property rights and endogenous growth: is stronger always better? [J]. Journal of economic dynamics and control, 2007, 31 (11): 3644-3670.

[62] GAN L, HERNANDEZ M A, MA S. The higher costs of doing business in China: minimum wages and firms' export behavior [J]. Journal of international economics, 2016, 100: 81-94.

[63] GANGOPADHYAY K, MONDAL D. Does stronger protection of intellectual property stimulate innovation? [J]. Economics letters, 2012, 116 (1): 80-82.

[64] GOLDMAN E, ROCHOLL J, SO J. Do politically connected boards affect firm value? [J]. Review of financial studies, 2009, 22 (6): 2331-2360.

[65] GRILICHES Z, PAKES A, HALL B H. The value of patents as indicators of inventive activity [M] //Economic policy and technological performance, Cambridge: Cambridge University Press, 1987: 97-124.

[66] GROSSMAN G M, HELPMAN E. Quality ladders and product cycles [J]. The quarterly journal of economics, 1991, 106 (2): 557-586.

[67] GU Y, MAO C X, TIAN X. Banks' interventions and firms' innovation: evidence from debt covenant violations [J]. The journal of law and economics, 2017, 60 (4): 637-671.

[68] GUPTA A K, TESLUK P E, TAYLOR M S. Innovation at and across multiple levels of analysis [J]. Organization science, 2007, 18 (6): 885-897.

[69] HALL B H, JAFFE A B, TRAJTENBERG M. The NBER patent citation data file: lessons, insights and methodological tools [R]. NBER, 2001.

[70] HALL R E. E-capital: the link between the stock market and the labor market in the 1990s [J]. Brookings papers on economic activity, 2000, 2: 73-102.

[71] HALL R E. The stock market and capital accumulation [J]. American economic review, 2001, 91 (5): 1185-1202.

[72] HE J, TIAN X. The dark side of analyst coverage: the case of innovation [J]. Journal of financial economics, 2013, 109 (3): 856-878.

[73] HE J, TIAN X. Do short sellers exacerbate or mitigate managerial myopia? Evidence from patenting activities [EB/OL]. (2016-09-16) [2020-04-

19]. http://dx.doi.org/10.2139/ssrn.2380352.

[74] HE Z-L, TONG W. T, HE W, et al. Chinese patent database user documentation: matching SIPO patents to Chinese publicly-listed companies and subsidiaries [EB/OL]. (2013 – 09 – 14) [2017 – 03 – 25]. https://sites.google.com/site/sipopdb/home/SIPO_ listed.

[75] HSU P H, TIAN X, XU Y. Financial development and innovation: cross-country evidence [J]. Journal of financial economics, 2014, 112 (1): 116 – 135.

[76] HUANG Y, LOUNGANI P, WANG G. Minimum wages and firm employment: evidence from China [EB/OL]. (2014 – 12 – 15) [2020 – 04 – 19]. http://dx.doi.org/10.2139/ssrn.2537795.

[77] HUDSON J, MINEA A. Innovation, intellectual property rights, and economic development: a unified empirical investigation [J]. World development, 2013, 46: 66 – 78.

[78] JENSEN M C, MECKLING W H. Theory of the firm: managerial behavior, agency costs and ownership structure [J]. Journal of financial economics, 1976, 3 (4): 305 – 360.

[79] JIA N, TIAN X. Accessibility and materialization of firm innovation [J]. Journal of coporate finance, 2018, 48 (1): 515 – 541.

[80] JIA N, TIAN X, ZHANG W. The real effects of tournament incentives: the case of firm innovation [EB/OL]. (2017 – 01 – 31) [2020 – 04 – 19]. http://dx.doi.org/10.2139/ssrn.2732911.

[81] KALE J R, REIS E, VENKATESWARAN A. Rank-order tournaments and incentive alignment: The effect on firm performance [J]. The journal of finance, 2009, 64 (3): 1479 – 1512.

[82] KAPLAN S N, ZINGALES L. Do investment-cash flow sensitivities provide useful measures of financing constraints? [J]. The quarterly journal of economics, 1997, 112 (1): 169 – 215.

[83] KATZ M L, SHAPIRO C. R&D rivalry with licensing or imitation [J]. The American economic review, 1987, 77 (3): 402 – 420.

[84] KHWAJA A I, MIAN A R. Do lenders favor politically connected firms? rent provision in an emerging financial market [J]. The quarterly journal of economics, 2005, 120 (4): 1371 – 1411.

[85] KIM C, ZHANG L. Corporate political connections and tax aggressiveness [J].

Contemporary accounting research, 2016, 33 (1): 78 – 114.

[86] KIM Y K, LEE K, PARK W G, et al. Appropriate intellectual property protection and economic growth in countries at different levels of development [J]. Research policy, 2012, 41 (2): 358 – 375.

[87] KOH P-S, REEB D M. Missing R&D [J]. Journal of accounting and economics, 2015, 60 (1): 73 – 94.

[88] LALL S. Technological capabilities and industrialization [J]. World development, 1992, 20 (2): 165 – 186.

[89] LALLEMAND T, PLASMAN R, RYCX F. Intra-firm wage dispersion and firm performance: evidence from linked employer-employee data [J]. Kyklos, 2004, 57 (4): 533 – 558.

[90] LAZEAR E P, ROSEN S. Rank-order tournaments as optimum labor contracts [J]. The journal of political economy, 1981, 89 (5): 841 – 864.

[91] LAZONICK W. The theory of the market economy and the social foundations of innovative enterprise [J]. Economic and industrial democracy, 2003, 24 (1): 9 – 44.

[92] LEE K W, LEV B, YEO G H H. Executive pay dispersion, corporate governance, and firm performance [J]. Review of quantitative finance and accounting, 2008, 30 (3): 315 – 338.

[93] LEE T, WILDE L L. Market structure and innovation: a reformulation [J]. The quarterly journal of economics, 1980, 94 (2): 429 – 436.

[94] LEMON M, SAHOTA P S. Organizational culture as a knowledge repository for increased innovative capacity [J]. Technovation, 2004, 24 (6): 483 – 498.

[95] LERNER J, SORENSEN M, STRÖMBERG P. Private equity and long – run investment: the case of innovation [J]. The journal of finance, 2011, 66 (2): 445 – 477.

[96] LEUZ C, OBERHOLZER-GEE F. Political relationships, global financing, and corporate transparency: evidence from Indonesia [J]. Journal of financial economics, 2006, 81 (2): 411 – 439.

[97] LEV B, RADHAKRISHNAN S. The valuation of organization capital [M] // Measuring capital in the new economy. Chicago: University of Chicago Press, 2005: 73 – 110.

[98] LEV B, RADHAKRISHNAN S, ZHANG W. Organization capital [J]. Aba-

cus, 2009, 45 (3): 275-298.

[99] LI S, SONG X, WU H. Political connection, ownership structure, and corporate philanthropy in China: a strategic-political perspective [J]. Journal of business ethics, 2015, 129 (2): 399-411.

[100] LICHT G, KONRAD Z. Patents and R&D, an econometric investigation using applications for German, European and US patents by German companies [J]. Annales d'economie et de statistique, 1998 (49-50): 329-360.

[101] LIN C, LIN P, SONG F M, et al. Managerial incentives, CEO characteristics and corporate innovation in China's private sector [J]. Journal of comparative economics, 2011, 39 (2): 176-190.

[102] LIN C Y, HO P H, SHEN C H, et al. Political connection, government policy, and investor trading: evidence from an emerging market [J]. International review of economics & finance, 2016, 42: 153-166.

[103] LIU T, MAO Y, TIAN X. The role of human capital: evidence from patent generation [EB/OL]. (2016-02-08) [2017-03-25]. http://dx.doi.org/10.2139/ssrn.2728924.

[104] LOPEZ-DE-SILANES F, SHLEIFER A, PORTA R L, et al. Law and finance [J]. Journal of political economy, 1998, 106 (6): 1113-1155.

[105] LOURY G C. Market structure and innovation [J]. The quarterly journal of economics, 1979, 93 (3): 395-410.

[106] LU Y. Political connections and trade expansion [J]. Economics of transition, 2011, 19 (2): 231-254.

[107] LUONG H, MOSHIRIAN F, NGUYEN L, et al. How do foreign institutional investors enhance firm innovation? [J]. Journal of financial and quantitative analysis, 2017, 52 (4): 1449-1490.

[108] MANSFIELD E. Patents and innovation: an empirical study [J]. Management science, 1986, 32 (2): 173-181.

[109] MANSO G. Motivating innovation [J]. The journal of finance, 2011, 66 (5): 1823-1860.

[110] MAO Y, TIAN X, YU X. Unleashing innovation [EB/OL]. (2014-11-13) [2020-04-19]. http://dx.doi.org/10.2139/ssrn.2336309.

[111] MARTIN J. Relative deprivation: a theory of distributive injustice for an era of shrinking resources [J]. Research in organizational behavior, 1979, 3: 53-

107.

[112] MARTINEZ-ROS E. Explaining the decisions to carry out product and process innovations: the Spanish case [J]. The journal of high technology management research, 1999, 10 (2): 223 –242.

[113] MOSHIRIAN F, TIAN X, ZHANG B, et al. Stock market liberalization and innovation [EB/OL]. (2019 – 12 – 03) [2020 – 04 – 19]. http://dx.doi.org/10.2139/ssrn.2403364.

[114] NANDA R, RHODES-KROPF M. Financing risk and innovation [J]. Management science, 2016, 63 (4): 901 –918.

[115] NICKELL S J. Competition and corporate performance [J]. Journal of political economy, 1996, 104 (4): 724 –746.

[116] PAZDERKA B. Patent protection and pharmaceutical R&D spending in Canada [J]. Canadian public policy, 1999, 25 (1): 29 –46.

[117] PORTER M. Capital disadvantage: America's failing capital investment system [J]. Harvard business review, 1992, 70 (5): 65 –82.

[118] PRESCOTT E C, VISSCHER M. Organization capital [J]. Journal of political Economy, 1980, 88 (3): 446 –461.

[119] RAJGOPAL S, SRINIVASAN S. Pay dispersion in the executive suite [EB/OL]. (2006 – 04 – 20) [2020 – 04 – 19]. http://assets.csom.umn.edu/assets/61909.pdf.

[120] ROSEN S. Prizes and incentives in elimination tournaments [J]. The American economic review, 1986, 76 (4): 701 –715.

[121] SCHNEIDER P H. International trade, economic growth and intellectual property rights: a panel data study of developed and developing countries [J]. Journal of development economics, 2005, 78 (2): 529 –547.

[122] SCHUMPETER J A. The theory of economic development: an inquiry into profits, capital, credit, interest, and the business cycle [M]. Piscataway: Transaction Publishers, 1934: 1 –320.

[123] SCHUMPETER J A. Capitalism, socialism and democracy [M]. New York: Harper & Brothers Publishers, 1942: 1 –464.

[124] SEVILIR M, TIAN X. Acquiring innovation [EB/OL]. (2014 – 10 – 26) [2020 – 04 – 19]. http://dx.doi.org/10.2139/ssrn.1731722.

[125] SOLOW R M. Technical change and the aggregate production function [J].

The review of economics and statistics, 1957, 39 (3): 312-320.

[126] STEWART T A. Intellectual capital: the new wealth of organizations [M]. New York: Doubleday Dell Publishing Group, 1997: 1-304.

[127] SUBRAMANIAM M, YOUNDT M A. The influence of intellectual capital on the types of innovative capabilities [J]. Academy of management journal, 2005, 48 (3): 450-463.

[128] TAN Y, TIAN X, ZHANG X, et al. The real effects of privatization: evidence from China's split share structure reform [EB/OL]. (2015-09-28) [2020-04-19]. http://dx.doi.org/10.2139/ssrn.2433824.

[129] TIAN X, WANG T Y. Tolerance for failure and corporate innovation [J]. Review of financial studies, 2014, 27 (1): 211-255.

[130] WONG T J. Corporate governance research on listed firms in China: institutions, governance and accountability [J]. Foundations and trends in accounting, 2016, 9 (4): 259-326.

[131] ZAHRA S A, NEUBAUM D O, HUSE M. Entrepreneurship in medium-size companies: exploring the effects of ownership and governance systems [J]. Journal of management, 2000, 26 (5): 947-976.

[132] 步丹璐, 王晓艳. 政府补助、软约束与薪酬差距 [J]. 南开管理评论, 2014 (2): 23-33.

[133] 陈冬, 陈平, 唐建新. 实际控制人类型、法律保护与会计师事务所变更: 基于国企民营化的经验研究 [J]. 会计研究, 2009 (11): 59-65.

[134] 陈冬华, 范从来, 沈永建. 高管与员工: 激励有效性之比较与互动 [J]. 管理世界, 2015 (5): 160-171.

[135] 戴治勇. 法治、信任与企业激励薪酬设计 [J]. 管理世界, 2014 (2): 102-110.

[136] 邸强, 唐元虎. 组织资本与企业绩效关系的实证研究 [J]. 哈尔滨商业大学学报 (自然科学版), 2005 (3): 374-377.

[137] 丁重, 邓可斌. 政治关系与创新效率: 基于公司特质信息的研究 [J]. 财经研究, 2010, 36 (10): 85-100.

[138] 杜勇, 陈建英. 政治关联、慈善捐赠与政府补助: 来自中国亏损上市公司的经验证据 [J]. 财经研究, 2016 (5): 4-14.

[139] 樊纲, 王小鲁, 朱恒鹏. 中国市场化指数: 各地区市场化相对进程 2011 年度报告 [M]. 北京: 经济科学出版社, 2011: 1-427.

[140] 方军雄. 高管权力与企业薪酬变动的非对称性 [J]. 经济研究, 2011 (4): 107-120.

[141] 冯根福. 双重委托代理理论: 上市公司治理的另一种分析框架: 兼论进一步完善中国上市公司治理的新思路 [J]. 经济研究, 2004 (12): 16-25.

[142] 冯根福, 温军. 中国上市公司治理与企业技术创新关系的实证分析 [J]. 中国工业经济, 2008 (7): 91-101.

[143] 贺贵才, 于永达. 知识产权保护与技术创新关系的理论分析 [J]. 科研管理, 2011 (11): 148-156.

[144] 胡旭阳. 民营企业家的政治身份与民营企业的融资便利: 以浙江省民营百强企业为例 [J]. 管理世界, 2006 (5): 107-113.

[145] 黄继承, 朱冰, 向东. 法律环境与资本结构动态调整 [J]. 管理世界, 2014 (5): 142-156.

[146] 江雅雯, 黄燕, 徐雯. 政治联系、制度因素与企业的创新活动 [J]. 南方经济, 2011 (11): 3-15.

[147] 孔东民, 刘莎莎, 王亚男. 市场竞争、产权与政府补贴 [J]. 经济研究, 2013 (2): 55-67.

[148] 黎文靖, 胡玉明. 国企内部薪酬差距激励了谁? [J]. 经济研究, 2012 (12): 125-136.

[149] 黎文靖, 郑曼妮. 实质性创新还是策略性创新: 宏观产业政策对微观企业创新的影响 [J]. 经济研究, 2016 (4): 60-73.

[150] 李春涛, 宋敏. 中国制造业企业的创新活动: 所有制和 CEO 激励的作用 [J]. 经济研究, 2010 (5): 55-67.

[151] 李虹, 田马飞. 内部控制、媒介功用、法律环境与会计信息价值相关性 [J]. 会计研究, 2015 (6): 64-71.

[152] 李汇东, 唐跃军, 左晶晶. 用自己的钱还是用别人的钱创新: 基于中国上市公司融资结构与公司创新的研究 [J]. 金融研究, 2013 (2): 170-183.

[153] 李莉, 闫斌, 顾春霞. 知识产权保护、信息不对称与高科技企业资本结构 [J]. 管理世界, 2014 (11): 1-9.

[154] 李维安, 王鹏程, 徐业坤. 慈善捐赠、政治关联与债务融资: 民营企业与政府的资源交换行为 [J]. 南开管理评论, 2015 (1): 4-14.

[155] 李文贵, 余明桂. 民营化企业的股权结构与企业创新 [J]. 管理世界,

2015 (4): 112-125.

[156] 梁强, 李新春, 郭超. 非正式制度保护与企业创新投入: 基于中国民营上市企业的经验研究 [J]. 南开经济研究, 2011 (3): 97-110.

[157] 林浚清, 黄祖辉, 孙永祥. 高管团队内薪酬差距、公司绩效和治理结构 [J]. 经济研究, 2003 (4): 31-40.

[158] 林炜. 企业创新激励: 来自中国劳动力成本上升的解释 [J]. 管理世界, 2013 (10): 95-105.

[159] 刘春, 孙亮. 薪酬差距与企业绩效: 来自国企上市公司的经验证据 [J]. 南开管理评论, 2010 (2): 30-39.

[160] 刘海建, 陈传明. 企业组织资本、战略前瞻性与企业绩效: 基于中国企业的实证研究 [J]. 管理世界, 2007 (5): 83-93.

[161] 刘剑雄. 企业家人力资本与中国私营企业制度选择和创新 [J]. 经济研究, 2008 (6): 107-118.

[162] 刘明辉, 汪玉兰, 李井林. 法律环境对审计供给的影响: 基于中国证券市场的经验分析 [J]. 审计与经济研究, 2015 (6): 26-36.

[163] 刘思明, 侯鹏, 赵彦云. 知识产权保护与中国工业创新能力: 来自省级大中型工业企业面板数据的实证研究 [J]. 数量经济技术经济研究, 2015 (3): 40-57.

[164] 鲁桐, 党印. 公司治理与技术创新: 分行业比较 [J]. 经济研究, 2014 (6): 115-128.

[165] 罗党论, 唐清泉. 政治关系、社会资本与政策资源获取: 来自中国民营上市公司的经验证据 [J]. 世界经济, 2009 (7): 84-96.

[166] 罗党论, 甄丽明. 民营控制、政治关系与企业融资约束: 基于中国民营上市公司的经验证据 [J]. 金融研究, 2008 (12): 164-178.

[167] 罗宏, 曾永良, 宛玲羽. 薪酬攀比、盈余管理与高管薪酬操纵 [J]. 南开管理评论, 2016 (2): 19-31.

[168] 马双, 张劼, 朱喜. 最低工资对中国就业和工资水平的影响 [J]. 经济研究, 2012 (5): 132-146.

[169] 潘越, 潘健平, 戴亦一. 公司诉讼风险、司法地方保护主义与企业创新 [J]. 经济研究, 2015 (3): 131-145.

[170] 潘越, 潘健平, 戴亦一. 专利侵权诉讼与企业创新 [J]. 金融研究, 2016 (8): 191-206.

[171] 潘越, 吴超鹏, 史晓康. 社会资本、法律保护与IPO盈余管理 [J]. 会计

研究, 2010 (5): 62-67.

[172] 钱先航, 曹廷求. 法律、信用与银行贷款决策: 来自山东省的调查证据 [J]. 金融研究, 2015 (5): 101-116.

[173] 钱晓烨, 迟巍, 黎波. 人力资本对我国区域创新及经济增长的影响: 基于空间计量的实证研究 [J]. 数量经济技术经济研究, 2010 (4): 107-121.

[174] 尚勇. 建设创新型国家关键是企业成为创新主体 [N]. 经济日报, 2006-05-15 (2).

[175] 沈艺峰, 肖珉, 黄娟娟. 中小投资者法律保护与公司权益资本成本 [J]. 经济研究, 2005 (6): 115-124.

[176] 史宇鹏, 顾全林. 知识产权保护、异质性企业与创新: 来自中国制造业的证据 [J]. 金融研究, 2013 (8): 136-149.

[177] 苏依依, 周长辉. 企业创新的集群驱动 [J]. 管理世界, 2008 (3): 94-104.

[178] 唐清泉, 高亮, 李懿东. 企业转型升级与研发投入的外部环境研究: 基于政治关系和市场化进程的视角 [J]. 当代经济管理, 2011, 33 (6): 20-31.

[179] 王华. 更严厉的知识产权保护制度有利于技术创新吗？ [J]. 经济研究, 2011, 46 (A2): 124-135.

[180] 王学军, 陈武. 区域智力资本与区域创新能力的关系: 基于湖北省的实证研究 [J]. 中国工业经济, 2009 (9): 25-36.

[181] 温军, 冯根福. 异质机构、企业性质与自主创新 [J]. 经济研究, 2012 (3): 53-64.

[182] 翁君奕. 企业组织资本理论: 组织激励与协调的博弈分析 [M]. 北京: 经济科学出版社, 1999: 1-220.

[183] 邬爱其, 金宝敏. 个人地位、企业发展、社会责任与制度风险: 中国民营企业家政治参与动机的研究 [J]. 中国工业经济, 2008 (7): 141-150.

[184] 吴淑琨, 柏杰, 席酉民. 董事长与总经理两职的分离与合一: 中国上市公司实证分析 [J]. 经济研究, 1998 (8): 21-28.

[185] 吴文锋, 吴冲锋, 刘晓薇. 中国民营上市公司高管的政府背景与公司价值 [J]. 经济研究, 2008 (7): 130-141.

[186] 吴文锋, 吴冲锋, 芮萌. 中国上市公司高管的政府背景与税收优惠 [J].

管理世界, 2009 (3): 134 – 142.

[187] 吴延兵. 国有企业双重效率损失研究 [J]. 经济研究, 2012 (3): 15 – 27.

[188] 吴宗法, 张英丽. 基于法律环境和两权分离的利益侵占研究: 来自中国民营上市公司的经验证据 [J]. 审计与经济研究, 2012 (1): 90 – 98.

[189] 夏宁, 董艳. 高管薪酬、员工薪酬与公司的成长性: 基于中国中小上市公司的经验数据 [J]. 会计研究, 2014 (9): 89 – 95.

[190] 肖文, 林高榜. 政府支持、研发管理与技术创新效率: 基于中国工业行业的实证分析 [J]. 管理世界, 2014 (4): 71 – 80.

[191] 许年行, 江轩宇, 伊志宏, 等. 政治关联影响投资者法律保护的执法效率吗? [J]. 经济学 (季刊), 2013 (2): 373 – 406.

[192] 许年行, 吴世农. 我国中小投资者法律保护影响股权集中度的变化吗? [J]. 经济学 (季刊), 2006 (2): 893 – 922.

[193] 杨其静. 企业成长: 政治关联还是能力建设? [J]. 经济研究, 2011 (10): 54 – 66.

[194] 杨星, 田高良, 司毅, 等. 所有权性质、企业政治关联与定向增发: 基于我国上市公司的实证分析 [J]. 南开管理评论, 2016 (1): 134 – 141.

[195] 杨洋, 魏江, 罗来军. 谁在利用政府补贴进行创新: 所有制和要素市场扭曲的联合调节效应 [J]. 管理世界, 2015 (1): 75 – 86.

[196] 杨志强, 王华. 公司内部薪酬差距、股权集中度与盈余管理行为: 基于高管团队内和高管与员工之间薪酬的比较分析 [J]. 会计研究, 2014 (6): 57 – 65.

[197] 余明桂, 范蕊, 钟慧洁. 中国产业政策与企业技术创新 [J]. 中国工业经济, 2016 (12): 5 – 22.

[198] 余明桂, 回雅甫, 潘红波. 政治联系、寻租与地方政府财政补贴有效性 [J]. 经济研究, 2010, 45 (3): 65 – 77.

[199] 余琰, 李怡宗. 高息委托贷款与企业创新 [J]. 金融研究, 2016 (4): 99 – 114.

[200] 袁建国, 后青松, 程晨. 企业政治资源的诅咒效应: 基于政治关联与企业技术创新的考察 [J]. 管理世界, 2015 (1): 139 – 155.

[201] 张峰, 黄玖立, 王睿. 政府管制、非正规部门与企业创新: 来自制造业的实证依据 [J]. 管理世界, 2016 (2): 95 – 111.

[202] 张杰, 陈志远, 杨连星, 等. 中国创新补贴政策的绩效评估: 理论与证据

[J]. 经济研究,2015 (10):4-17.

[203] 张杰,刘志彪,郑江淮. 中国制造业企业创新活动的关键影响因素研究:基于江苏省制造业企业问卷的分析[J]. 管理世界,2007 (6):64-74.

[204] 张蕊,管考磊. 高管薪酬差距会诱发侵占型职务犯罪吗:来自中国上市公司的经验证据[J]. 会计研究,2016 (9):47-54.

[205] 张天舒,陈信元,黄俊. 政治关联、风险资本投资与企业绩效[J]. 南开管理评论,2015 (5):18-27.

[206] 张维迎. 产权,政府与信誉[M]. 上海:上海三联书店,2001:1-343.

[207] 张瑜,张诚. 跨国企业在华研发活动对我国企业创新的影响:基于我国制造业行业的实证研究[J]. 金融研究,2011 (11):139-152.

[208] 张正堂. 高层管理团队协作需要、薪酬差距和企业绩效:竞赛理论的视角[J]. 南开管理评论,2007 (2):4-11.

[209] 张正堂. 企业内部薪酬差距对组织未来绩效影响的实证研究[J]. 会计研究,2008 (9):81-87.

[210] 张宗庆,郑江淮. 技术无限供给条件下企业创新行为:基于中国工业企业创新调查的实证分析[J]. 管理世界,2013 (1):115-130.

[211] 赵顺龙. 企业组织资本形成研究[M]. 哈尔滨:黑龙江人民出版社,2004:1-264.

[212] 郑志刚,邓贺斐. 法律环境差异和区域金融发展:金融发展决定因素基于我国省级面板数据的考察[J]. 管理世界,2010 (6):14-27.

[213] 钟春平,徐长生. 创造性破坏与收入差距的振荡式扩大[J]. 经济研究,2006 (8):114-123.

[214] 周黎安,罗凯. 企业规模与创新:来自中国省级水平的经验证据[J]. 经济学(季刊),2005 (2):623-638.

后　　记

　　本书是在我的导师孔东民教授的悉心指导下完成的。感谢孔教授引领我进入学术的殿堂。他思维敏捷、幽默风趣，对学术充满热情、孜孜不倦，总是在我不知所措时为我拨开云雾，打开学术研究思路的大门，其精准和巧妙，让我钦佩不已。邮箱中数百封凌晨三四点收到的邮件，见证了他的踏实苦干和认真负责。温柔贤淑的师母和他们活泼可爱的女儿，也给我的研究生活增添了不少乐趣。

　　本书的形成得益于母校华中科技大学的培养，五年的硕博连读学习，让我最终选择高校教师这一职业，继续我的学术生涯。感谢所有教导过我的老师，以及陪伴我一起学习和成长的同学、师兄师姐、师弟师妹。

　　本研究能够顺利完成，还离不开家人无私的关爱。特别感谢我的舅舅黄卫刚对我的引导和鼓励，他敢为人先、顽强拼搏，永远是我学习的榜样，如果没有他的精神和经济支持，我根本没法安心完成学业。同时，也要感谢外公外婆、爸爸妈妈和其他家人的理解和包容。另外，还要感谢中山大学的杨廉平先生，他以坚持不懈的学术态度感染我，鞭策我加快工作的进度。

　　本书完稿之际，正值我的工作单位华南师范大学政治与公共管理学院成立之初。新学院朝气蓬勃，令人振奋。感谢学院领导和同事对我的科研工作的大力支持。在此衷心祝愿新学院欣欣向荣，硕果累累。

　　最后，再次对所有引领、帮助、支持和关心我的人表达诚挚的谢意！

徐茗丽

2019 年 12 月 25 日